Gustav Knod

Gottfried von Neifen und seine Lieder

Gustav Knod

Gottfried von Neifen und seine Lieder

ISBN/EAN: 9783743333314

Hergestellt in Europa, USA, Kanada, Australien, Japan

Cover: Foto ©Thomas Meinert / pixelio.de

Manufactured and distributed by brebook publishing software (www.brebook.com)

Gustav Knod

Gottfried von Neifen und seine Lieder

GOTTFRIED VON NEIFEN

UND

SEINE LIEDER.

EINE

LITERARHISTORISCHE UNTERSUCHUNG

VON

GUSTAV KNOD.

TÜBINGEN,
VERLAG UND DRUCK VON FRANZ FUES
(L. FR. FUES'SCHE SORTIMENTS-BUCHHANDLUNG).
1877.

MEINEM

LIEBEN VATER

GEWIDMET.

Inhalt.

	Seite
I. Das Leben des Dichters	1—5
II. Gottfrieds Lieder	5—25
1. Ueberlieferung und Kritik	5—17
a. Die unechten Lieder	9—13
b. Die echten Lieder	13—17
2. Gedankengehalt der Lieder und Gottfrieds Persönlichkeit nach denselben	17—23
III. Gottfrieds Stellung in der deutschen Literatur	26—34
1. Sein Verhältniss zur ältern Lyrik und zu seinen Zeitgenossen	26—28
2. Seine Benutzung durch spätere Lyriker	28—31
IV. Metrik	34—58
1. Die Versarten	33—40
2. Der Strophenbau	40—45
3. Der Reim	45—51
V. Anmerkungen	58—68

I.
Das Leben des Dichters.

Wackernagel hat in seinem ‚Walther von Klingen' (S. 13) den ritterlichen Minnesänger Gottfried von Neifen einen Thurgäuer genannt, während er ihn später (Lit.-Gesch. S. 244), der Überlieferung folgend, in Schwaben geboren sein lässt. Dass in der That in Schwaben Gottfrieds Heimat zu suchen sei, ist durch die von Mone (Anz. 1835) und v. d. Hagen (M.S. 4, 80) gegebenen urkundlichen Nachweise ausser Zweifel gestellt. Eine reiche Nachlese zu diesen Belegen hat Staelin (‚Wirtemberg. Geschichte' 2, 582—585) gegeben. Aber auch diese führen uns nicht weit über die Bestätigung jenes Resultates hinaus und vermögen uns wenig Aufschluss über das äussere Leben des Dichters zu geben. Aus den wenigen von ihm bezeugten Urkunden können wir höchstens Schlüsse über seine Parteistellung und seinen jeweiligen Aufenthalt ziehen, positive Anhaltspunkte gewähren uns nur zwei von ihm selbst ausgestellte Schenkungsurkunden.

Auch die schwäbische Landesgeschichte weiss wenig von dem ritterlichen Minnesänger Gottfried von Neifen zu erzählen, und seine Lieder endlich bieten für seine Lebensgeschichte so gut wie gar nichts dar.

Bei dieser Dürftigkeit der Quellen muss es um so willkommener erscheinen, dass wir über das Leben des Vaters unseres Dichters in vieler Beziehung besser unterrichtet sind. Denn da Gottfrieds Name meist mit dem seines Vaters, Heinrich (II) von Neifen, in den Urkunden sich findet, und zwar unter Umständen, die uns zu der Annahme drängen, dass beide gleiches politisches Bekenntniss hatten und treu zusammenstanden, so werden wir bei einer Darstellung des Lebens unseres Minnesängers auch jene Urkunden, in denen Gottfried nicht persönlich genannt ist, in den Bereich unsrer Betrachtung ziehen dürfen. Nur auf diese Weise kann es uns gelingen, das Dunkel, welches über dem Leben des Dichters schwebt, wenigstens einigermassen aufzuhellen und in die abgerissenen Data der Urkunden einigen Zusammenhang zu bringen. Es mag dieses zugleich als Entschuldigung dienen, wenn wir im Folgenden mehr als es dienlich erscheinen möchte, auf Gottfrieds Vater Heinrich (II) zu sprechen kommen.

Schon in der Zwiefaltener Chronik — aus der 1. Hälfte des 12. Jahrhunderts stammend, wird ein Sprössling des Neifenschen Geschlechtes erwähnt, und seit Berthold (I), vom Jahr 1198 ab, finden wir Vertreter desselben in einer langen Reihe theils von ihnen selbst ausgestellter, theils von ihnen bezeugter Urkunden. Zu eigentlich politischer Bedeutung scheint es aber erst Heinrich (II), der Vater unseres Minnesängers, gebracht zu haben. In den Wissenschaften wohl bewandert und ein hinlänglicher Kenner des Französischen [1]), dabei tapfer und gewandt, erwarb er sich bald am üppigen Hofe des jugendlichen Reichsverwesers Heinrich (VII) eine höchst einflussreiche Stellung. Er hatte mit Auszeichnung in Italien gefochten und sich wesentliche Verdienste um die hohenstaufische Sache erworben, er wollte aber auch für seine langjährigen Verdienste nicht ungelohnt bleiben und merkte bald, dass er in dem jugendlichen, unmündigen König Heinrich (VII) das Werkzeug zur Ausführung seiner ehrgeizigen Pläne gefunden habe. Die aufkeimenden Zerwürfnisse zwischen König Heinrich (VII) und seinem Vater, dem in Italien weilenden Friedrich II., werden besonders dem Neifer Heinrich (II) beigelegt. So hatte sich König Heinrich (VII) im Februar des Jahres 1234 auf dem Reichstage zu Frankfurt durch einige „schlechte Rathgeber" — wie der Kaiser später an

---

1) In einem Briefe des bekannten päbstlichen Dekanes Albertus Bohemus an Gregor IX heisst es: ‚is Henricus de Nympha de potentioribus et nobilioribus unus est, grammaticam novit et gallicum satis bene.'

die Fürsten schrieb — zu harten, wenig gerechtfertigten Massregeln gegen einige treuen Anhänger der kaiserlichen Partei hinreissen lassen. In dem Entschuldigungsschreiben des jungen Königs wird Heinrich (II) von Neifen, der an jenem Reichstage theilgenommen, als Executor der frankfurter Beschlüsse angeführt. — Bei dem bald darauf ausbrechenden Kampfe zwischen Vater und Sohn erscheint der Neifer als die eigentliche Seele des Aufstandes, den er von Esslingen aus (im November desselben Jahres) organisirte. Ehe aber noch die Aufrührer einen entscheidenden Schlag thun konnten, gelang es dem Kaiser den Aufstand zu unterdrücken. Der junge König wurde nach Italien gefangen abgeführt, sein Rathgeber Heinrich (II) von Neifen entging der Katastrophe. — Auch in den spätern Kämpfen scheinen die Herren von Neifen stets auf Seiten der päbstlichen Gegenkönige gefochten zu haben. Albertus Bohemus wenigstens berichtet ausdrücklich, in dem oben erwähnten Briefe, dass es ihm gelungen sei, den Neifer Heinrich (II) durch Geld und gute Worte auf seine Seite zu ziehen, auch erscheint Heinrich (II) im Jahre 1246 auf dem Reichstage zu Veitshochheim bei Würzburg als anwesend, als der päbstliche Gegenkönig Heinrich Raspe die deutsche Königskrone empfing.

Hiermit haben wir in allgemeinen Umrissen ein Bild von dem Leben des Vaters unseres Dichters gegeben. Auch Gottfrieds Leben ist hiermit bis zum J. 1246 gezeichnet. —

Der Dichter Gottfried selbst begegnet uns zum ersten Male im Jahr 1234 an König Heinrichs (VII) Hofe. Ungefähr gleichalterig mit diesem und wohl auch die Neigungen seines, nach dem Zeugniss der Zeitgenossen, höchst sittenlosen und gewaltthätigen Jugendfreundes theilend, verlebte der Dichter seine Jugendzeit bei ritterlichem Spiel und Liebesgetändel. Hier lernte er auch von ‚minnen singen'. Wir sind durchaus berechtigt unter jenem Könige, der ihn, wie er sagt (41, 7) [1], zum Singen zwinge.

---

[1] Die Lieder Gottfrieds von Neifen, herausgegeben von Moriz Haupt, Leipz. 1851.

den sangliebenden jungen König Heinrich (VII) zu verstehen. Denn, dass diese Stelle nicht, wie von der Hagen anzunehmen geneigt ist, auf Heinrichs Nachfolger und Bruder, den von Bruder Wernher (M. S. H. 2, 232) gepriesenen König Konrad zu beziehen sei, wird schon durch den Umstand nahe gelegt, dass wir Gottfrieds Namen öfters in Urkunden finden, die von König Heinrich (VII) ausgestellt sind, während unter König Konrads Urkunden nie ein Neifer erscheint.

Auch den Frankfurter Reichstag scheint Gottfried mitgemacht zu haben (Febr. 1234), da wir ihn bald darauf — im Mai desselben Jahres — am königlichen Hoflager zu Wimpfen treffen. Wir dürfen wohl auch annehmen, dass auch er, wie sein Vater, auf Seiten seines Jugendfreundes Heinrich (VII) gefochten habe. —

Im März des Jahres 1236 finden wir ihn am Hofe des mit seinem Vater befreundeten Bischofs von Strassburg.

Vom J. 1241 haben wir eine, von seiner bei Tübingen gelegenen Burg Nifen datirte Schenkungsurkunde. Sie zeigt uns, dass das Neifische Geschlecht weit im Lande begütert war [1]). Durch diese Schenkung vermachte der alte Heinrich (II) von Neifen mit seinen Söhnen Heinrich und unserm Dichter Gottfried, dem Kloster Wald seine bei Burre gelegenen Güter, angesichts der grossen, durch die Mongolen der Christenheit drohenden Gefahr.

Das Jahr 1245 [2]) zeigt uns die beiden Brüder Heinrich und den Minnesänger Gottfried in ritterlicher Fehde begriffen mit dem Constanzer Bischof Heinrich, der ihnen am St. Albanstage im Schwiggersthale eine schwere Niederlage beibrachte und beide Brüder gefangen nahm. Ihre Haft war jedoch kaum von langer Dauer, da beide schon im März des folgenden Jahres wieder in Ulm erscheinen.

---

1) Diese Urkunde ist unterzeichnet: ‚facta est haec donatio a me Heinrico seniore in Blachenhorn, a me Heinrico juniore in Heidelberg, a me Goetfrido in Nifen.'

2) v. d. Hagen gibt das J. 1230 an. Hiergegen spricht jedoch eine am 22. Juni 1245 aus dem ‚bischöflichen Siegeslager' datirte Urkunde.

Für die folgenden Jahre fehlen alle urkundlichen Anhaltspunkte. Im Jahre 1253 [1]) stiftet er cum contectorali sua Mechtildis an Kloster Maulbronn Wein und Weizen vom Zehnten in Güglingen. Mit dem Jahre 1255, wo er noch einmal als Zeuge in einer Urkunde erscheint, verlieren wir ihn gänzlich aus den Augen. Schon bei Lebzeiten genoss Gottfried den Ruf eines ausgezeichneten Dichters [2]). Später wurde er im Volksmunde zu einer sagenhaften Gestalt. Wenigstens will J. Grimm ("Über den altdeutschen Meistergesang" p. 184. a. 2) den in dem Volkslied vom ,Moringer' (Uhland, Volkslieder I², 773) vorkommenden ,jungen Herrn von Neuffen' auf unsern Minnesinger Gottfried gedeutet wissen. Auch von der Hagen neigt zu dieser Ansicht. — Unzweifelhaft liegen dem Liede historische Beziehungen zum Grunde (cf. Staelin a. a. O. p. 575). Möglich ist, dass die dichtende Sage für jenen unbekannten Berthold (III), den Stifter einer Seitenlinie des Neifischen Hauses, auf den die historischen Beziehungen des Liedes weisen, unsern Dichter Gottfried, als den populärsten Vertreter dieses Namens, substituirte, und dass sie weiterhin den Grafen Gottfried von Marstetten, dessen Erbtochter jener Neifer Gottfried heirathete, in Beziehung auf den bekannten Minnesinger Heinrich von Morungen, zum ,edeln Moringer' umschuf.

II.
Gottfrieds Lieder.

Nachdem wir im Vorhergehenden versucht haben, aus den dürftigen urkundlichen Nachrichten uns ein Bild von dem äussern Leben unseres Dichters zu gestalten, wollen

---

1) Auch hier ist v. d. Hagen ungenau (cf. Staelin p. 585).
2) Vergl. die Zeugnisse in der Einleitung zu Haupt's Ausgabe.

wir zusehen, wieweit es uns gelingt, durch genaues Eingehen auf die unter seinem Namen überlieferten Gedichte, den äussern geschichtlichen Rahmen mit der dichterischen Persönlichkeit Gottfrieds auszufüllen.

Da uns in den Liedern Gottfrieds nirgends concrete Beziehungen geboten werden, da sie keinerlei politische Anspielungen enthalten und auch die kaum markirte psychologische Entwicklung des Liebesverhältnisses uns keine Anhaltspunkte zur Bestimmung der chronologischen Reihenfolge der Lieder darbietet: so möchte man vermuthen, dass Gottfried nur in seiner Jugend und zwar nur an König Heinrichs (VII) Hofe gedichtet habe.

Auch die durchgehende Einheit des Stiles scheint für diese Annahme zu sprechen. Bei den an's Volksthümliche streifenden Gedichten, namentlich bei den Liedern der 'niedern' Minne, wird man eine solche Hypothese natürlich finden, wie ja auch Walther's Lieder der 'niedern' Minne in seine Jugendzeit verwiesen werden. Wir sprechen es aber schon hier als das Resultat unserer Untersuchungen aus, dass auch die Lieder der 'hohen' Minne nur der jugendlichen Liebesperiode des Dichters angehören können [1]). Sie beziehen sich, wie es scheint, sämmtlich auf Ein Liebesverhältniss, das sich am Hofe des Königs Heinrich (VII) abspielen mochte. Sie drücken nur Wehmuth und Sehnsucht, Entsagung und Hoffnung aus. Sein 'dienen' hat nicht den Erfolg, wie ihn der Dichter sich wünscht.

Die Lieder der 'niedern' Minne dagegen zeigen meist glücklichen Ausgang. Es werden in denselben Liebesabenteuer besungen, die der Dichter, vielleicht gleichzeitig

---

[1]) Dass gegen diese Behauptung Lieder wie 4, 19. 12, 18. 27, 30, wo der Dichter von seinem grauen Haare spricht, keine Instanz bilden, wird bei einem conventionellen Phrasenmacher, als welchen wir Gottfried kennen lernen werden, kaum zu bemerken nöthig sein. Entscheidend ist die Stelle 21, 31: leit sint daz din mich noch machent grâ. — Cf. Conrad von Landegge (M. S. H. 1, 8⁴): dâvon stê ich junge grâ, oder (M. S. H. 1, 20⁴): Minne tuot mich jungen grâ.

als er um die Gunst der hohen Gebieterin rang, mit einigen verliebten Bauerndirnen bestand. Es gehören hierher namentlich die Lieder 34, 26. 37, 2. 45, 21.

Als **Volkslieder** dagegen sind aufzufassen, — mag man sie nun mit Liliencron (Hpts. Ztschr. VI, 69 fg), für gänzlich unecht erklären, oder sie für Gottfriedische Überarbeitungen älterer Volkslieder halten — die Lieder 44, 19. 45, 8. — Wir fügen noch hinzu die Lieder 52, 7. und 52, 25. Letzteres namentlich ist ein echtes Volkslied und rührt nicht von Neifen her.

Zur Begründung unserer Ansicht wird es nöthig sein, auf die Überlieferung näher einzugehen.

Die Kritik der Lieder Gottfrieds wird besonders durch den Umstand erschwert, dass sie uns nur in der einzigen Pariser Handschrift (C.) überliefert sind. Wir müssen dies namentlich in Beziehung auf die im folgenden näher zu besprechenden volksliederartigen Gedichte bedaüern, da es bekanntlich die Gewohnheit von C ist, die ungenauen Reime auszumerzen. Es geht uns hiedurch ein wichtiges Mittel für die Kritik dieser Lieder verloren.

Nur an 2 Stellen wird C durch 2, verhältnissmässig späte, Papierhandschriften bestätigt, beziehungsweise ergänzt. Es sind dies die Donaueschinger Handschrift (i) mit 3, und die Berner Handschrift (p) mit 5 Strophen.

C selbst überliefert uns 190 Strophen, die sich auf 51 Lieder vertheilen. Da diese Lieder bis auf 19 sämmtlich 5strophisch sind, und da die Handschrift hinter diesen letztern freien Raum lässt, so liegt die Ansicht nahe, dass auch diese ursprünglich 5strophisch gewesen sein möchten. — Ist diese Annahme, die schon M. S. H. 4, 86 ausgesprochen wurde und der auch Haupt (Einleitung V) beitritt, richtig, so erhalten wir ein plus von 42 Strophen.

Aus **innern Gründen** ist freilich eine solche Annahme nicht gefordert, da die innere Entwicklung dieser Lieder keinen weitern Abschluss vermissen lässt. Überhaupt kann die logische Entwicklung des Gedankens bei Gottfried nicht als Kriterium herbeigezogen werden, wodurch gleichfalls die Untersuchung nicht wenig erschwert wird. Man kann die Strophen eines Liedes, abgesehen von der Eingangsstrophe, meist in beliebiger Reihenfolge lesen, ohne dass dadurch der Gesammteindruck des Gedichtes beeinträchtigt würde. — Wie dem Ganzen so fehlt auch den einzelnen Strophen die künstlerische Vollendung und innere Abrundung.

Es mag daher dahingestellt bleiben, ob die besagten 19 Lieder ursprünglich wirklich 5strophisch waren. Auch mit Grübeleien über das Wie dieser Verstümmelungen wird uns wenig geholfen sein. Dass die Lieder Gottfrieds uns in der That nicht vollständig überliefert sind, beweist schon, — abgesehen davon, dass in C ein Blatt nach dem 34. Blatte ausgeschnitten ist — der Umstand, dass Str. 29, 25—35 allein in der Hdschr. p, nicht aber auch in C geboten wird. Schon die Vorlage von C kann daher nicht vollständig gewesen sein.

Mit Abzug dieser 19 Lieder bleiben uns noch als nicht 5strophisch übrig die beiden Lieder 11, 16 u. 27, 15, die Haupt, ihres eigenthümlichen Strophenbaues wegen, [jedes enthält 4 Str., deren 1. u. 3., 2. u. 4. als Körner reimen], für vollständig erklärt hat. Den gleichen Grund dürfen wir aber gegen Haupt auch für das zu den obengenannten 19 Liedern gehörige 4strophische Liedchen 34, 26 geltend machen, da hier die letzten Zeilen der 1. u. 3., 2. u. 4. Strophe ebenfalls als Körner reimen. Auch der Schluss dieses Liedchens ist durchaus passend.

Die 6. Strophe in dem Liede 29, 30—31, 26 ist nicht zu streichen, da sie in eigenthümlicher Weise mit der 2. Strophe in Beziehung steht. — Die Lieder 14, 8 u. 14, 34 sind unvollständig, da zwischen beiden, wie schon erwähnt, ein Blatt in C ausgefallen ist. —

Auch die beiden Lieder 45, 8 u. 45, 21 bezeichnet Haupt als ‚sicher unvollständig.' Dies ist in Betreff des Liedes 45, 8 unstreitig richtig, wie schon der erste Augenschein überzeugend darthut. — Gewagter scheint es mir dagegen, ein Gleiches von dem Liedchen 45, 21 behaupten zu wollen, von welchem Haupt einfach in der Anmerkung bemerkt, ‚diesem Liede fehlt der Ausgang.' Ich wüsste jedoch nicht, welchen bessern Schluss man diesem Liedchen wünschen möchte als die treffende Abfertigung, mit welcher die flachsschwingende Schöne ihren allzu zärtlichen Liebhaber heimschickt ‚ê inwer wille an mir geschiht, ich saehe iuch lieber hangen.' In einem nach Anlage und Gedankengang ganz ähnlichen Liedchen von Ulrich von Winterstetten (M. S. H. 1, 172) lässt das Mädchen den eifrigen Bewunderer mit dem gleichen derben Wunsche abfahren, ‚jâ liez ich in henken nu ê daz er ruorte an mîn kleit.'

Ehe wir zur nähern Besprechung der unter Neifens Namen überlieferten Gedichte übergehen, müssen wir die Lieder 34, 26. 37, 2. 44, 19. 45, 8. 45, 21. 52, 7. 52, 15 einer besondern Betrachtung unterziehen, da sie sich ihrem ganzen Gepräge nach von der übrigen Lyrik Gottfrieds scharf abheben.

Diese Lieder theilen sich wieder in zwei Gruppen, deren erste durch 34, 26. 37, 2. 45, 21 gebildet wird (Gruppe I), während die andere die Lieder 44, 20. 45, 8. 52, 7 u. 52, 25 umfasst (Gruppe II). —

Die erste dieser Gruppen ist mit den Liedern der ‚hohen' Minne zusammenzufassen. Diese Lieder sind zweifellos echt Neifisches Eigenthum. Die Lieder der zweiten Gruppe dagegen sind als eigentliche Volkslieder oder als Ueberarbeitungen von Volksliedern zu betrachten.

Fassen wir zunächst diese letztere Gruppe (II) in's Auge.

Schon ihre Stellung erscheint uns bedeutsam. Die beiden ersten Lieder dieser Gruppe 44, 20 u. 45, 8, deren Echtheit schon Liliencron (Hpts. Zs. 6, 93) bezweifelt hat, und die von Haupt in der Einleitung zu seiner Ausgabe mit den Worten in Schutz genommen werden: ‚ich weiss nicht, nach welcher Regel man bestimmen könnte, was dem Dichter in volksmässigen Liedern zuzutrauen ist', — befinden sich nämlich, wie man anzunehmen geneigt sein könnte, am Schlusse eines der alten Liederbücher, welche die Vorlage von C bildeten und wurden von C, weil unter Neifens Namen vorgefunden, auch als ihm zugehörig aufgenommen.

Das erste der von C benutzten Liederbücher enthielt also als Anhang diese im Neifischen Tone gedichteten beiden Liedchen, deren letztes, das Lied 45, 8 ‚von Walhen fuor ein pilgerîn', zum Theil auf der stark corrumpirten letzten Seite dieses alten Liederbuches stand. — Die gleiche Stellung der beiden andern Liedchen 52, 7 und 52, 25 am Schlusse der ganzen Sammlung lässt dann weiterhin vermuthen, dass auch diese nachgeflickt worden seien und ein zweites Liederbuch abschliessen. Jedenfalls bleibt es auffallend, dass diese vier verdächtigen Lieder in Gruppen von je zwei zusammenstehen.

Auch die **volksmässige Ueberlieferung** der beiden ersten Liedchen 44, 20 und 45, 8 ist zu beachten. So findet sich das erste derselben, das Büttnerlied, auch in der von Valentin Holl zu Augsburg in den Jahren 1524—26 zusammengetragenen Volksliederhandschrift (cf. Haupt, Anm. p. 60). Das andere auch von Uhland unter seine Volkslieder (I¹, 235) aufgenommene Lied 45, 8 ‚von Walhen fuor ein pilgerîn', findet sich in einem bei Johannes Schröter 1610 in Basel gedruckten Flugblatte überliefert (Uhland, Volkslieder I², 1010).

Die andern beiden Liedchen sind dagegen, soweit wir ermitteln konnten, nur in C überliefert. Bartsch (‚Liederdichter' p. 286, 83) hat das letztere unter die ‚Namenlosen Lieder' aufgenommen.

Das, wie uns dünkt, entscheidende Moment für die **Unechtheit** dieser Lieder liegt jedoch in der ganz aus Gottfrieds Art heraustretenden einfachen Anordnung und Gestaltung des in ihnen vorliegenden episch einfachen Stoffes. Der Dichter erzählt uns durchaus objectiv eine Begebenheit, ohne von seinem Ich etwas hinzuzuthun. — Dieses innere Kriterium gilt für die vier verdächtigen Lieder in gleicher Weise, mag man sie nun als wirklich unechte Lieder, oder als ältere von Neifen umgearbeitete und in seine Sammlung aufgenommene Volkslieder ansehen. In letzterem Falle verlieren natürlich auch die beiden für die Unechtheit dieses Lieder herbeigezogenen Momente 1) die eigenthümliche Stellung derselben in C und 2) die volksmässige Ueberlieferung derselben, an ihrem Gewicht.

Aus sachlichen Gründen dürfen die vier in Rede stehenden Lieder jedenfalls als Volkslieder angesehen werden. Inhalt und Anordnung sind durchaus volksmässig, wenigstens alterthümlich; denn auch die ältern Dichter lieben es, aus der Seele einer andern Person, besonders aus der Seele einer Frau (wie 52, 7) zu sprechen, oder sie geben dem Liede in altepischer Weise dialogische Fassung (44, 19—45, 8. 52, 7). Auch die Stimmung in dem Büttner- und Pilgrimliedchen ist durchaus unhöfisch nackt.

Das Wiegenlied 52, 7 zeigt Winterstettische Situation. Man glaubt die warnende Stimme der Alten zu vernehmen, ‚owê, unsaelic barn, du wilt von hinnen, schenken lieder hânt dich brâht von sinnen.' Sie hatte Recht, die Alte. Die thörichte Tochter muss jetzt Wiegenliedchen singen, während der Lenz die Gespielinnen zu fröhlichem Tanz unter die Linde ruft. — Der Refrain wigen wagen, gigen gagen ist als besonders volksthümlich hervorzuheben.

Auch das Metrum dieser vier Lieder ist durchaus einfach und alterthümlich.

Das Pilgrimlied 45, 7 ist als vierzeilige Strophe aufzufassen nach folgendem Schema:
(1.) 4 Hebung. stumpf. Waise. 3 Hebung. klingend a.
(2.) 4 Hebung. stumpf. Waise. 3 Hebung. klingend a.
(3.) 5 Hebung. klingend b.
(4.) 4 Hebung. stumpf. Waise. 5 Hebung. klingend b.

Wir haben also hier, ganz der Regel entsprechend, stumpfe Waise, klingenden Reim in den beiden ersten Langzeilen, fast ganz ähnlich — auch an Zahl der Hebungen, — dem ersten Reimpaare im ältesten (Scherer, Deutsche Studien II, 40) Tone Dietmar's von Aist. (M. S. F. 32, 13 ffgld.) dessen Schema also lautet:

4 Hebung. stumpf. Waise. 3 Hebung. klingend a.
4 Hebung. stumpf. Waise. 4 Hebung. klingend a.,
während die zweite Hälfte fast genau der zweiten Hälfte
des namenlosen Liedchens M. S. F. 3, 7 entspricht, die
sich nach folgendem Schema darstellt:
3 Hebung. klingend b.
4 Hebung. stumpf. Waise. 3 Hebung. klingend b.

Wie die Strophe dieses Liedchens, wenn sie auch nicht der Moroltstrophe identisch ist, doch auf deren Grundform zurückweist (Scherer a. a. O. I, 2), so auch die zweite Hälfte von 45, 7. Man kann sie aus den, durch Einschiebung einer Waise vor der letzten Reimzeile dieser Grundform entstandenen (auch dem zweiten Spervogeltone zum Grunde liegenden) Schema hervorgegangen denken, welches also lautet:
(3.) 3 Hebung. klingend b.
(4.) 4 Hebung. stumpf. Waise. 5 Hebung. klingend b.
Ganz analog dem Verfahren Wolframs bei Bildung seiner Titurelstrophe.

Die dritte und vierte Reimzeile von 45, 7 könnten demnach als identisch mit den entsprechenden der Titurelstrophe betrachtet werden, nur dass Wolfram in der vierten Reimzeile statt vier Hebungen stumpf. Waise, die dieser entsprechende drei mal gehobene Zeile mit klingender Waise anwendet.

Das Metrum von 45, 7 kann also durchaus als volksthümlich gelten.

Der Ton des Büttnerliedchens 44, 20 besteht aus fünf Reimzeilen zu je 3 Hebung oder, wie Bartsch (Germ. II, 257 flgd.) will, aus zwei durch Binnenreim getrennten Langzeilen, an deren Schlusse die zweite Hälfte einer Langzeile nochmals wiederholt ist. Auch die in alterthümlicher Weise stumpf gemessenen Reime: kundë : bundë : gundë müssen auffallen, ebenso die drei fehlenden Senkungen: 44, 25 dô sprâch der wirt maere. 45, 1 si sprâch heilant. 45, 4 dem wirte sîn vâz.

Man wird darauf entgegnen, dass ein Reimkünstler wie Neifen, wenn es ihm einmal darauf ankam, in volksthümlicher Weise zu dichten, mit Bewusstsein solche Volksthümlichkeiten üben konnte, und nebenbei kann man darauf aufmerksam machen, dass manche in diesen Liedern sich findenden subtilen metrischen Feinheiten einen metrisch feinfühlenden Lyriker als Verfasser voraussetzen. Dieser Einwand ist gewiss beachtenswerth und eben darum scheint mir folgende Theorie über die Entstehung dieser Lieder am meisten Wahrscheinlichkeit für sich zu haben.

Aehnliche Lieder, oder wenigstens Gedanken ähnlichen Inhaltes wie die Lieder 44, 20. 45, 8. 52, 7, existirten und lebten im Volke; ein Dichter nun wie Neifen, dessen frisches gesundes Naturell die Schranken der ‚höfischen' conventionellen Minne nicht immer vertragen mochte, der auch für das reale Volksleben und seine Derbheiten Sinn verspürte, — ein solcher Dichter konnte leicht seinen Stoff aus Anschauungen oder vielleicht aus Liedchen ziehen, die im Munde des Volkes lebten, die er dann in seine gebildete, metrisch genaue höfische Sprache umsetzte. Auf ähnliche Weise mögen auch die vorliegenden Liedchen entstanden sein. Wir wollen sie daher immerhin als Neifisch gelten lassen, behaupten aber, dass sie nur Umarbeitungen volksthümlicher Lieder, oder Verarbeitungen von Stoffen sein können, die beim Volke im Umlauf waren. —

Das die Sammlung schliessende Liedchen 52, 25 ist dagegen durchaus als Volkslied zu betrachten. Auch Haupt glaubte den Ton des 12. Jahrhunderts darin zu verspüren. Es ist in der That so weit von den sentimentalen Seufzern der ‚hohen' Minne Gottfrieds entfernt und andrerseits doch von den frischern aber derbsinnlichen Liedern dieses Dichters so sehr unterschieden, dass wir diese Strophe, auch ohne äussere Beweise der Unechtheit unserm Dichter nicht zuschreiben dürfen. Zwar sehen wir auch hier, wie in den meisten der echt Neifischen Lieder, die Natur mit der Stimmung des Dichters in Wechselwirkung — dieser

— 14 —

Zug ist aber auch in den echten Liedern Neifens der Technik des Volksliedes entlehnt. Der wunderschöne liebliche Gesang der Nachtigall hat unsern Dichter in süsse Träumereien eingewiegt und lässt plötzlich das Bild der Geliebten, seiner ‚Herzenskönigin', vor seine empfänglich gestimmte Seele treten. — Dieser einfache Gedanke ist so tief und wahr empfunden, spricht in seiner schmucklosen durch keine Phrasen verbrämten Fassung so innig zum Herzen des Hörers, dass keines der echt Neifischen Lieder von gleich poetischer Wirkung sein möchte. Wir sehen daher in diesem Liede ein echtes Volkslied. Es steht ganz ausserhalb der Anschauungen unseres Dichters und darf daher bei einer Charakteristik seiner Lieder nicht berücksichtigt werden. —

Die echten Lieder.

Sämmtliche unter Neifens Namen überlieferten Lieder sind erotischen Charakters. Leiche scheint er überhaupt nicht gedichtet zu haben, da er von keinem seiner Zeitgenossen als Leichdichter erwähnt wird. Auffallend und nur aus dem Misserfolge seiner Liebeswerbungen erklärbar muss es erscheinen, dass Neifen auch keine Tagelieder gedichtet hat, die doch seinem Charakter besonders zusagen mussten.

Nach von der Hagen sind die meisten Lieder unseres Dichters als Reien aufzufassen. Direkt als solche zu erkennen geben sich nur 16, 9. 17, 17. 24, 35. 38, 26. 48, 9. 52, 7, sämmtlich Frühlingslieder, wie ja der Reie der ‚nach alter Sitte der Frühlingsfeier zukommende Tanz' ist (Liliencron, Hpts. Zs. VI, 82).

Das volksthümliche Element tritt in diesen Liedern nicht in dem Grade hervor wie bei Neidhart; auch von den Winterliedern sind sie nach Form und Inhalt wenig verschieden. Sie verkünden den nahenden Sommer, und knüpfen daran die Aufforderung zu Tanz und Liebeslust. Auch zeigt keines dieser Lieder den, nach Liliencron, den Reien Neidharts zukommenden zweitheiligen Bau. Nur das einzige Lied 47, 10 möchte vielleicht zweitheilig aufzufassen sein. Es besteht aus drei Strophen zu je zwölf Zeilen und hat folgendes Schema:

(1.) 4 Hebung. klingend a.
(2.) 4 Hebung. klingend b.
(3.) 4 Hebung. stumpf c.
(4.) 4 Hebung. klingend d.
(5.) 4 Hebung. klingend e.
(6.) 4 Hebung. stumpf f : f (2. Hebung des 8. Verses als Pause reimend).
(7.) 4 Hebung. klingend a.
(8.) 4 Hebung. klingend b.
(9.) 4 Hebung. stumpf c.
(10.) 4 Hebung. klingend d.
(11.) 4 Hebung. klingend e.
(12.) 4 Hebung. stumpf g : g (2. Senkung des 1. Verses als Pause reimend).

Man sieht, dass sich die beiden Hälften der Strophe durch den im 3. und 9. Verse eintretenden stumpfen Reim wiederum in gleiche Hälften theilen. Doch gibt sich dieses Lied nicht direkt als Reie zu erkennen.

In dem anscheinend untheiligen Reien 16, 9 lässt sich leicht Stollengleichheit herstellen, wenn man die 8. (als Binnenreim reimende) Zeile jeder Strophe, der 9. Zeile als Caesur voraufgehen lässt. Die Strophe erweist sich hiernach als dreitheilig und nur durch den Umstand auffallend, dass der Abgesang von den beiden Stollen umschlungen ist. Wir erhalten dann folgendes Schema:

4 Hebung. klingend a.
6 Hebung. stumpf b.
4 Hebung. klingend c.
6 Hebung. stumpf d.
4 Hebung. stumpf d.
4 Hebung. klingend c.
4 Hebung. klingend a.
6 Hebung. stumpf b.

Bartsch (Germ. XII, 129) sagt ‚die beiden letzten Zeilen von Stollen und Abgesang entsprechen sich in der Form. Im Abgesang haben wir innern Reim.'— Er fasst demnach die vier ersten Zeilen der Strophe als die beiden Stollen und theilt die vier letzten Verse dem Abgesang zu. Der Reie 17, 17 besteht nach Haupt aus achtzehnzeiligen Strophen. Ob hier die 16. und 17. Zeile als Binnenreim aufzufassen und der 18. Zeile als Caesur voranfzuschicken sei, ist zweifelhaft. Nach beiden Auffassungsweisen zeigt das Lied dreitheiligen Bau. Ebenso die übrigen Reien. —

Wir haben schon oben die Ueberfülle der Lieder Gottfrieds rücksichtlich ihrer Echtheit in zwei Partien getheilt und die erste derselben (Gruppe II) nach Inhalt und Form besprochen.

Ehe wir nun zu Gruppe I. übergehen, müssen wir noch auf einige Lieder aufmerksam machen, deren Klassificirung Schwierigkeiten zu haben scheint. Gottfried rühmt nämlich seine Geliebte öfters als eine wackere Flachsspinnerin. So ausser in dem sicher der ‚niedern' Minne angehörigen Liede 45, 20 auch noch 4, 13 (si kan dehsen swingen in der mâze), 5, 13 (si kan beidiu dehsen unde swingen). 32, 12 (si kan dehsen, swingen beide als si sol). — Man wird sich dennoch bedenken, diese drei Liedchen ohne Weiteres mit den Liedern der ‚niedern' Minne auf gleiche Linie zu stellen. Nach v. d. Hagen (M. S. IV, 82) war in damaliger Zeit die häusliche Kunst des Flachsspinnens auch ‚das Händewerk freier und reicher Frauen und Töchter.' Man dürfte daher wohl annehmen, dass Gottfrieds ‚hohe' Minne eine häusliche ehrbare Hausfrau war, zu welcher Annahme ja auch der Misserfolg seiner Werbungen trefflich passt. — Auch ihrem Inhalte nach fallen diese drei Lieder der ‚hohen' Minne zusammen und ebenso finden wir in denselben dieselben Epitheta der Geliebten, wie sie uns in letztern Liedern auf jeder Seite begegnen.

3, 10 diu liebe. 3, 16 diu minnecliche. 3, 20 diu vil kiusche. 3, 21. 27 diu guote. 4, 7 diu vil guote. 4, 16 *diu vil hêre.* 4, 24 *diu süeze* — Im 2. Liede: 4, 37 *reine wip.* 5, 18 *herzeliebe frouwe.* 4, 11 *diu liebe.* — Im 3. Liede: 31, 35 *diu hêre.* 32, 1 *diu vil minnecliche.* 32, 7 *diu vil reine.* 32, 10 *diu saeldebaere.* — Ausdrücklich preist der Dichter die kiusche der Geliebten und nennt sie mit Nachdruck *reine wip.*

Die drei Lieder selbst scheinen wieder untereinander in näherem Verhältniss zu stehen. Das erste derselben (3, 1) ist ein Winterlied. Zunächst der übliche Natureingang. Mit der Wendung .was klage ich der Vöglein Noth. mein Leid ist ja weit grösser' geht der Dichter zur Darlegung seiner Gefühle über. In der zweiten Strophe haben wir denselben Gedanken wie in der entsprechenden des zweiten Liedes.

3, 12 *al min fröide lit an ir,* entsprechend
5, 3 *und an ir einer al min fröide stât.*

3, 14 *swaz ich der sorgen ie gewan der hât si gar gewalt.* Derselbe Gedanke, nur in anderer Form:

4. 36 *disen sumer muoz ich fröide miden, ez enwende ir kiuscher wibes lip.*

3, 19 *des bin ich vil sender man in sorgen worden alt,* entsprechend
5, 1 *diu mich her betwungen hât unde mich in sorgen lât.*

Ausserdem wiederholt sich in der zweiten Strophe des zweiten Liedes der Gedanke der dritten Strophe des ersten Liedes insofern, als auch hier der Geliebten mit besonderem Nachdruck die ehrenden Prädicate *reiniu wip* (4, 35) und *kiuscher wibes lip* (4, 37) beigelegt werden, entsprechend dem dort ausgesprochenen Gegensatz von *reiniu wip* (3, 23) und *valschiu wip* (3, 25). Man vergleiche auch 3, 17: *liep vor allen wiben* mit 5, 8: *frouwe ob allen frouwen min.* 4, 3: *wê wes ich danne gedaehte...* mit 5, 11: *disiu liet wil ich der lieben singen.* Es sind dies die beiden einzigen Stellen, wo der Dichter seines Singens gedenkt. — Endlich ist der Schlussgedanke in beiden Liedern derselbe: Aufforderung an die Minne, endlich gleiches Spiel zu machen und auch die Geliebte zu binden, wie der Dichter gebunden ist.

Im dritten Liede spricht er die Hoffnung aus, er werde noch Erhörung finden; er beklagt sich, dass er so selten Gelegenheit habe, die Geliebte zu sehen (32, 13). Wie letzteres einer ‚niedern' Minne gegenüber nicht ganz am Platze zu sein scheint, so noch weniger der ganze Ton des Liedes. Auch hätte der Dichter jene Magd, *diu daz wazzer in krüegen von dem brunnen treit* (37, 13) oder die schöne Garnwinderin, die sich auf dem Wege gen Winden überwinden lässt, nicht ohne einen sehr bedenklichen Euphemismus *die kiusche, die reine* nennen können.

Wir gehen nunmehr zur **Entwickelung des Gedankengehaltes** der Lieder Gottfrieds über und beginnen mit den Liedern der ‚hohen' Minne.

Diese Lieder sind sämmtlich in der formelhaften althergebrachten Weise, ‚vermuthlich des volksthümlichen Tanzliedes' (Liliencron a. a. O. p. 73 flgd.) durch einen Sommer- oder Wintereingang eingeleitet. Nur 24, 21 und 35, 17 scheinen eine Ausnahme zu machen, doch finden sich auch hier in den Schlussstrophen Anspielungen auf die Jahreszeit. Seine Lieder erhalten hierdurch eine gewisse epische Selbständigkeit.

Der Mensch steht unter dem Banne der äussern Natur; ‚unser Herz hat Gefühl für schlechtes Wetter, wie ein Hühnerauge', wie Jean Paul sich ausdrückt. Es ist daher ebenso wahr wie poetisch empfunden, wenn der Dichter an den Zustand der Natur anknüpfend, seine innere Stimmung darlegt. Mit der im Lenze sich verjüngenden Natur glaubt auch der Dichter wieder jung zu werden, das fröhliche Blau des Himmels lacht auch fröhlich in sein Herz hinein. Wenn aber im Herbst der stürmende Nordost die falbenden Blätter vor sich hinfegt und die Trauer der Natur einläutet, dann beschleicht auch des Dichters Herz ‚die Melancholie der Natur.' —

In der einfachsten Form dieses Natureinganges harmonirt die Gemüthsstimmung des Dichters mit der äussern Natur. So wechselt bei Heinrich von Morungen Freud und Leid, Hoffnung und Entsagung mit dem Wechsel der Natur. Anders bei Neifen. Auch der Sommereingang hat hier elegische Färbung. Sein Schmerz ist stets derselbe; ‚ihm kann das Jahr, das alle Welt verjüngt, nichts bringen‘; auch der junge Mai mit seinen tausend Wundern kann sein Weh nicht verscheuchen [1]).

Der Bau dieser Lieder ist stets derselbe.

Der Frühling hält seinen Einzug. Die tanzlustige Jugend eilt hin zur Linde (16, 9. 17, 17). Zu neuem Leben ist die Natur erwacht. Die freundlichen Blumen kommen hervor (5, 25. 7, 15. 9, 26. 16, 9. 17, 17. 21, 3. 47, 19. 48, 15) und die Nachtigallen singen das Lob des wonniglichen Maien (27, 15. 37, 24). Alle Welt darf sich der holden Frühlingszeit freuen; auch der Dichter möchte so gerne diese Freude theilen (7, 15. 9, 32), doch er allein muss einsam trauern (4, 26. 11, 11. 15, 6. 22, 15. 31, 31. 46, 31. 51, 20). —

In ähnlicher Weise leitet der Wintereingang zum Thema über:

Weh, ruft schmerzlich der Dichter aus, die süsse Zeit hat sich wieder verkehret! (14, 8. 32, 14. 38, 5). Laub, Gras und auch die lichten Rosen, die einst so herrlich in ihrer Pracht standen, (49, 15), sie alle, die holden Gaben (11, 35. 12, 34. 23, 13. 28, 19. 38, 9) des vielbesungenen (27, 15) wonniglichen (4, 27) Maien sind dahin! Fahl geworden (3, 4. 28, 20. 29, 36) ist die Haide, sonst prangend in buntfarbiger Pracht (8, 25. 14, 10) und, entkleidet ihres Schmuckes, steht die Linde (19. 36. 29, 37. 37, 10. 38, 10), kahl und bloss (8, 26. 11, 34. 23, 10.

---

[1] Auch in der modernen Lyrik ist dieser Contrast der Natur und der Herzensstimmung sehr beliebt. Ich erinnere z. B. an Lenau's:
‚Blumen, Vögel — duftend, singend!
All ihr frohen Bundsgenossen
Mahnt mich nicht, dass ich alleine
Bin vom Frühling ausgeschlossen!‘
Ja, der Dichter verlegt gar die Schmerzen des eigenen Ich in die Natur. So Heine: ‚Warum sind denn die Rosen so blass?‘

39, 36). — Seht nur wie traurig die Haide da liegt (8, 26. 14, 9. 19, 3), in eisigen Reif gefesselt! (12, 37. 27, 20). Schweigsam stehet der sonst so lustige Wald (14, 3). Die Vöglein sind verstummt vor dem kalten Froste (8, 23. 30, 2. 37, 8), und nicht mehr vernimmt das lauschende Ohr ihren fröhlichen Sang (30, 1. 37, 7). Die kalten Winde brachten sie in Noth (12, 1. 14, 11. 32, 20). und mit ihnen trauert mein Herz (27, 21). Die kleinen Vöglein und ihren süssen Sang muss ich beklagen (3, 5. 8, 27. 28, 24. 39, 35) und die Noth der lieben Nachtigall rührt mein Herz! (3, 7. 30, 4).

Der Dichter wird jetzt an sein eigenes Leid erinnert. Wohl jammert ihn der Vöglein, seine Seele drückt aber noch ein anderes Leid (12, 3. 28, 5) das weit grösser ist (8, 27. 13, 1. 42, 24). Am Morgen nicht und auch nicht am Abend will ihm seine Sorge entweichen (7, 5. 14, 14). Er allein muss trauern (4, 19. 13, 37. 15, 29. 16, 30. 17, 5. 26, 38. 28, 4), während andere sich freuen. Er ist ein *senede siecher man* (3, 18. 13, 12. 21, 14. 24, 4). Die Minne hat ihn getroffen (10, 27. 13, 20. 17, 11), er liebt die Herrlichste der Frauen (3, 17. 16, 37. 38, 4. 42. 12). Nach dieser Einleitung ergeht sich nun der Dichter in einer enthusiastischen Schilderung der hohen weiblichen Tugenden und der unvergleichlichen körperlichen Vorzüge seiner Geliebten. Schönere Kreatur ward nie geboren (15, 15. 24, 10), in Luft und auch im Thaue ward besseres nie gesehen! (19, 17). Heil und Ehre (24, 17) wohnet bei ihr. Mit reinen Tugenden ist sie geschmückt (15, 25) und aller Falschheit ist sie baar (3, 27). Wohl darf sie stolz sein auf ihre hohen Vorzüge (24, 16); denn Gott selber freute sich als er dies Wunder von einem Weibe schuf (15, 19, auch 12, 12—18).

Nichts aber hat ihn an ihr so sehr bezaubert wie ihr süsses (21, 8. 32, 11. 44, 7) rosiges (11, 14. 16, 5. 10, 25. 23, 24. 17, 12. 31, 1. 32, 5. 38, 18), rothes (4, 15. 6, 10. 6, 26. 7, 34. 8, 1. 8, 7. 21, 22. 36, 19. 44, 14. 40, 35. 47, 26. 30, 32. 31, 7. 51, 7 etc.), rosefarbenes (10, 25. 11, 4. 13, 24. 17, 12. 31, 1. 32, 5. 38, 18), leuchtend rothes

(6, 26. 27, 36. 44, 7) Mündchen. Sein liebliches Lachen gibt ihm Hochgemüthe (6, 10. 8, 1. 8, 3. 7, 34. 31, 7. 40, 12. 44, 14. — 4, 15. 8, 2. 17, 15), entbindet ihn aller Sorgen (6, 11. 7, 35. 21, 23. 36, 19) und macht ihn gesund (9, 21. 16, 8). Diesen Gedanken führt er sogar durch ganze Strophen durch. 31, 5—15:

> Nu lache, daz ich frô bestê;
> nu lache, daz mir werde wol;
> vil rôter munt, nu lache lacholiche;
> nu lache, daz mîn leit zergê:
> so wirde ich sender fröiden vol.
> nu lache, daz mir ungemûete entwiche;
> nu lache, daz min sendiu sorge swinde.
> nu lache mich ein wênec an.
> sit ich dir niht entwenken kan,
> ich sonder man,
> sit ich dich lieplich vinde. —

Lieblich *sam der rôse in touwen blüete* leuchtet dieses rothe Mündchen (10, 9. 17, 14). Selbst der Kuss dieses rothen Mundes ist *rocter danne ein bluot* (26, 1).
Ihre lichten (26, 22), klaren (4, 22. 38, 15. 47, 36. 49, 8 u. ö.), spielenden (11, 14. 6, 2. 17, 16. 21, 36), wohlstehenden (4, 22), fröhlichen (30, 34), spiegelhellen (12, 16). Aeuglein haben es ihm angethan. Gleich der Sonne leuchteten sie tief in sein Herz hinein (8, 33) und entzündeten dort ein unauslöschliches Feuer (7, 4. 18, 11. 21, 33. 27, 8).
Er bewundert die lichten röthlichen Wangen (19, 24. 50, 27), das liebliche Kinn (50, 27), das braune Haar (49, 8) der Geliebten, und wird nicht müde, ihren holden *lichtgemâlen süezen lip* zu preisen.
Man begreift leicht, dass es ihm bei diesen trefflichen Vorzügen seiner Herzenskönigin (18, 8 u. ö.) nach ihrer Minne mehr jammert als nach den lichten Rosen und der Vöglein Singen (8, 16. 28, 28). Wenn er die Herrliche nur anschauen dürfte, meint er anfangs, so würde ihm nie graues Haar wachsen (12, 18); er begehrt ja nichts weiter als das Lächeln ihres holden Mundes (8, 14. 13, 5).
Bald aber wird er kühner und begehrlicher. Er gesteht ihr ohne Umschweife, wie sehr ihn nach einem Kusse

von ihrem rothen Munde lechze. Er hofft, sie werde ihm
noch nach *wibes güete lönen* und den *süezen unberane* gewähren (11, 28. 12, 20. 20, 3. 22, 25).

Entzückt von diesen Freuden, die ihm bevorstehen,
ergeht er sich in ein begeistertes Lob der Frauen. In
glühenden Farben malt er das süsse Glück zweier Geliebten, die sich in *rehter minne* lieben (14, 18).

Hi, wie süeze ein name wip! (10, 13).

29, 3—13:

wip, din minneneclich gebären
kan·der senden herzen våren:
wip, du bist ein süezer nam:
wip, du kanst wol fröide mêren:
wip, du kanst wol fröide lêren:
dir ist wiplich êre zam.
wip, du gist ouch hôhen muot
wip, du gist ouch fröiden vil:
wip, du bist für trûren guot:
des muoz ich iemer saelic sin.
du bist der werlte wunne spil.

Er preist die *wibes güete* (17, 8. 22, 35. 24, 28. 28, 30.
33, 13. 34, 4). Die *wibes êre* (24, 28. 29, 8. 36, 9).
Sie geben *hôchgemüete* (24, 30. 29, 9. 33, 7. 22, 26),
sie häufen Freude (22, 37. 29, 10. 33, 14) und wenden
alles Leid (17. 10. 23, 5. 28, 30. 29, 11. 34, 5. 36, 27).
Bei ihnen allein ist Freude (10, 11. 18, 17. 18, 31). Wem
an ihnen gelingt, des Freude ist keine andere auf der
Welt zu vergleichen (50, 22), der hat schon *himelriche
hie ûf erden* (14, 20). Cf. auch 16, 18—21. 10, 19—20.
12, 23—25. 24, 8. 26, 23 u. ö. —

Er hofft, dass ihm bald sein Lohn werde; denn er
hat vollen Anspruch darauf, da er ihr ja treu gedient
von Kindesbeinen an (18, 26, 19, 10). Sattsam muss er
erfahren, wie weh die Liebe thut (16, 35. 18, 29), aber
nie will ihm an ihr gelingen (14, 1. 17, 1. 27, 27). Nicht
einmal einen rothen Gruss hat sie ihm gegönnt (10, 2);
die ihn ehren sollte, hat ihn schnöde weggeschickt (6, 17).

Nur einmal sah er sie gütig (13, 17). Es war da-

mals in jenen goldenen Tagen, da er sie *ze herzelieber frouwen* sich erkos (12, 27. 20, 24). —
Jetzt freilich sind ihm die Augen aufgegangen. Er hat gemerkt, dass sie bisher nur ein loses Spiel mit seiner Qual getrieben; er ist ihr *unmaere* (8, 28) geworden. Und das alles ohne seine Schuld. Sie thut ihm grosses Unrecht, und doch kann er ihr nicht zürnen. Ihr Andenken kann er nicht aus dem Herzen reissen, wie schwer sie ihn auch gekränkt. 12, 5—11:

si lône mir, si lône niht,
sô ist si doch mis herzen trôst und ouch diu frouwe min.
ich diene ouch ir, swaz mir geschiht.
si muoz diu êrste und ouch min leste unz an min ende sin
ir ougen blic der vie mich sô
daz ich von ir niht scheiden mac,
swie selten mich diu herzeliebe hât gemachet frô. —

Es ist dies vielleicht das Beste, was Neifen gedichtet hat. —

Sein treues Ausharren blieb unbelohnt. Noch einmal hatte er Hoffnung erhört zu werden, da ein Bote ihm gute Botschaft von seiner Herzensdame brachte. Auch das war ein eitler Wahn. Und er musste sich selbst anklagen, dass er nicht seine Wünsche erfüllt sah; denn als sich ihm die Gelegenheit darbot, ihr sein volles Herz auszuschütten, da verschloss der sinnbestrickende Zauber ihrer liebreizenden Persönlichkeit ihm den Mund (24. 24. 29, 31). Er starrte sie sprachlos an wie ein Thor, und als einen Thoren liess sie ihn laufen. Es kamen später aber noch andere Geschichten hinzu, die von dem verhassten Geschlecht der Merker und Neider aufgeschnappt und seiner Dame hinterbracht worden waren.

―――

Die seiner Herzensdame hinterbrachten Verläumdungen waren nicht aus der Luft gegriffen. Sein feuriges Herz schlug allen schönen Frauen in gleicher Liebe entgegen. Er hatte seiner Dame ja auch offen erklärt, wenn sie ihm nicht nach *wibes güete lônen* wolle, so wolle er ihr auch nicht mehr singen. Einem Liebesverhältniss ohne

Lohn konnte er ebensowenig wie die andern Sänger seiner Zeit einen dauernden Geschmack abgewinnen. Er fand mit Hartmann, dass er seine Zeit bei armen *wiben* besser anwenden könne (M. S. F. 217, 10). Auch Neidhart und der Tanhäuser, Burkhart von Hohenfels und Ulrich von Winterstetten huldigten diesem Grundsatze. Selbst Walther hatte ja sein Theil unminniglich gesungen.

Hier in den Liedern der ‚niedern' Minne lernen wir den Dichter erst in seiner richtigen Gestalt kennen. Mit behäbiger Genugthuung und humoristischem Anfluge gibt er uns in diesen Liedchen seine galanten Abenteuer mit den Dorfschönen zum Besten. Auf der Jagd und am Brunnen findet er Gelegenheit zu seinen losen Scherzen. Mit liebenswürdiger Offenheit verhehlt er uns selbst nicht die derbe Abfertigung, die ihm bei der schönen Garnwinderin zu Theil wird.

Bei dieser glücklichen Naivetät wird sich auch der Leser durch das Obscöne und Anstössige dieser Lieder der ‚niedern' Minne weniger verletzt fühlen. ‚Es war ein naives Zeitalter, in dem der Geschlechtstrieb keine Sünde kannte' (Gervinus). Freilich deutet er auch in den Liedern der ‚hohen' Minne des Endziel seines Ringens und Liebens mit einer Deutlichkeit an, die man nach Veldeke (M. S. F. 57, 631, 34) eigentlich nicht mehr *horesch* nennen kann. Unser Dichter ist weit entfernt von der Decenz des von Morungen oder des von Johannsdorf; — andrerseits ist er aber auch nicht so sinnlich wie Herr Christoph von Hamle oder Wolfram in seinen Tageliedern.

Der Schluss von 37, 2 erinnert an ein Lied Steinmar's (Bartsch, L. D. 238, 134), wo der Liebespreis ganz ähnlich lautet. — Auf eine andere ländliche Liebhaberin scheint sich das Lied 34, 26 zu beziehen. Sie wohnt in der Stadt Winden bei Waiblingen, wo die Herrn von Neifen grosse Besitzungen hatten.

Alle diese Liedchen erinnern stark an die französische Pastourelle, die auch Personen höhern Standes, und zwar den Dichter selbst, im Verkehr mit Schäfern und Schäferinnen zeigt¹). Ein Einfluss der französischen Pastourelle auf den deutschen Minnegesang ist jedoch nicht nachzuweisen²). — In Deutschland wurde diese Liedergattung besonders ausser von den obengenannten Neidhart, Winterstetten und Hohenfels, von den Nachahmern Neidharts, dem Tanhäuser, Steinmar und Hadlaub gepflegt.

Wenn wir uns nach Gottfrieds Liedern ein Bild von seiner Persönlichkeit gestalten wollen, so müssen gerade die Lieder der ‚niedern' Minne besonders beachtet werden. Man gewinnt freilich auch aus ihnen, bei ihrer geringen Anzahl, nicht viel. Aber nur diese Liedchen geben Thatsächliches, nur hier zeigt sich der Dichter frei von jenen conventionellen Verschrobenheiten, die seine der ‚hohen' Minne gewidmeten Lieder in der abgeschmacktesten Weise verunzieren. Seine Reflexionen sind stets platt und alltäglich, sein ganzes Dichten gespreizt und unwahr. Grundsätze, die ihn in eigenthümlicher Weise persönlich charakterisirten, finden sich nirgends. Er spricht weder über seine Kunst wie Reinmar noch preist er die Mannestugend wie Walther. Die Moral seiner Zeit ist auch die seine³), er war nicht besser und nicht schlechter als die Andern. Kuss und Umarmung der Geliebten sind ihm das höchste Glück. Er preist auch darum weniger ihre Tugenden als ihre körperlichen Reize. — Dabei ist er stürmischer Natur und macht seinem Unmuthe über vereitelte Hoffnungen zuweilen mit einer kräftigen Verwünschung Luft. Man wird dies leichter ertragen als die sentimentalen unwahren Herzensergiessungen der ‚hohen' Minne.

---

1) Vergl. hierüber Wackernagel, Altfrz. Lieder und Leiche p. 182. 183. — Diez, Poesie der Troubadours p. 44.

2) Vergl. Schröder in Gosches Jahrbuch I. — Gottfried von Strassburg (Tristan 192, 14) führt dagegen auch die pastourèle als von den Franzosen überkommen an.

3) Selbst der von Johannsdorf erklärte, der Mann dürfe zwei Geliebten besitzen. Das Weib dagegen müsse sich an einem Manne genügen lassen. —

III.
Gottfrieds Stellung in der deutschen Literatur.

Zur richtigen Auffassung der dichterischen Persönlichkeit Gottfrieds, scheint es nöthig zu sein, auf seine Stellung innerhalb der deutschen Literatur zu achten, ihn historisch zu begreifen.

Mit Friedrich von Hausen und Heinrich von Veldeke war in Deutschland eine neue höfische Kunst erblüht, die in bewussten Gegensatz trat zu dem alten volksliederartigen Minngesang, wie er früher an der Donau erklungen war. Diese neue von Westen eindringende Kunst stand durchaus unter romanischem Einfluss. Namentlich macht er sich bei Hausen bemerkbar. Veldekes Lyrik steht dem alten Minnegesang noch näher; seine Lieder sind oft nur einstrophisch und weisen auch den bekannten Natureingang auf. Als Haupterforderniss eines richtigen Sängers galt fortan das *dienen* und mit ihm das *trûren* und die *senede swaere.* — *Daz si du heizent minne deist niewan senede leit* (Walth. 88, 20). Reinmar ist stolz darauf, dass niemand sein Leid so schön zu tragen versteht, wie er (M. S. H. XXV. XI. 5). Zwar bietet schon das Liedchen (M. S. F. 6, 5) ein Beispiel des ‚dienens' und Meinloh von Seflingen sucht bereits ‚mit Absicht zu zeigen, dass er ein regelmässiges Minneverhältniss in Gestalt des Dienstes durchzuführen verstehe' (Scherer, D. S. 2, 22); noch mehr provenzalischen Einfluss zeigt Dietmar von Aist — zu eigentlicher Herrschaft gelangte dieser in Deutschland aber erst durch Friedrich von Hausen (Hpts. Zs. XIV, 13) und Veldeke (Trist. 4736 Hgd.).

Man scheute sich bald nicht selbst wörtliche Entlehnungen in Uebersetzungen als eigene Münze cursiren zu lassen. Anschauungen und Bilder, wie sie den provenzalischen Dichtern geläufig waren, wurden Gemeingut der deutschen Minnesänger. Thema und Behandlungsweise war bei allen dieselbe. Originell sind nur einige wenige dichterisch wirklich begabte Sänger. Die Übrigen sangen, weil es eben Mode war, nicht weil der Gott in ihrem Busen sie trieb. *Maneger hât von minnen sanc den nie diu Minne alsô getwanc* (Parz. 17536). Diesem conventionellen Schmachten und Dienen gegenüber machte sich seit N e i d h a r t, als unbewusste natürliche Reaction, eine realere Richtung im deutschen M'nnegesang geltend. Mit T a n h ä u s e r und seinen Nachfolgern wurde sie zur bewussten Parodie. Auch Gottfried von Neifen scheint dem Witze eines Zeitgenossen, des T a l e r ' s, zur Zielscheibe gedient zu haben (M. S. 2, 100 b.). Jedenfalls aber ist es verkehrt auch unsern Gottfried unter diese parodierenden Sänger zu zählen und z. B. mit Simrock „Minnesänger" Elberf. 1857 S. 30 das Lied 37, 2 als Parodie aufzufassen. Unserm Dichter galt vielmehr das *trûren* der ‚hohen' Minne gegenüber durchaus für nothwendig, auch setzte er in echt höfischem Sinne das eigentliche Wesen der Dichtkunst in die technische Formgewandtheit. Seine wenigen Lieder der ‚niedern' Minne sind nicht parodierend, sondern ein Rückschlag der kräftigen sinnlichen Natur des Dichters, die in unbewusstem Drange sich von den leidigen conventionellen Fesseln loszuringen strebt. Gottfried ist also in erster Linie ein höfischer Dichter. Als ein solcher aber sang er, wie bemerkt, weniger seine eigenen Gefühle als angelernte Empfindungen, wie sie eben der traditionelle Gesang forterbte. — Man wird gerne zugeben, dass Gottfried es in der Kunst, die Worte zierlich zu setzen, weit gebracht hat. Auch die vorschriftsmässigen Seufzer finden sich so reichlich eingestreut, dass es unbegreiflich erscheint, wie seine Angebetete bei diesem tausend Weh und Ach ungerührt bleiben konnte. Seine dürftigen Gedanken und abgegriffenen Redensarten pflanzen sich in glänzender Paradeuniform vor uns auf und wissen sich zur Geltung zu bringen. Man merkt aus seinen Gedichten den weltmännisch gebildeten gewandten Kavalier heraus, der seine hohe Schule an König Heinrichs (VII) Hofe mit Erfolg absolvirt hat. Im Sinne seiner Zeit mag er daher für einen ganz passabeln

Dichter gelten. — Wir wollen ihm nicht vorhalten, dass er keine politischen Lieder gedichtet, und ihm eben sowenig ein Verbrechen daraus machen, dass er nicht wie andere zum Preise Gottes und der heil. Jungfrau gesungen, sondern stets den monotonen überkommenen Inhalt der Liebeslyrik ‚von Vöglein, von der Haide, von Blumen und von schönen Frauen' (Walther), immer wieder aufs Neue darbietet, denn Fürsten und hochadelige Sänger haben sich überhaupt meist nur im Minnegesang versucht„ — aber man vergleiche nur die Lieder Morungens oder Walthers mit den langweiligen Tiraden Gottfrieds und es wird uns zum Bewusstsein kommen, wie wenig echte Poesie in den 150 Strophen Gottfrieds steckt, trotz seines ungeheuern Aufwandes von poetischen Mitteln. Grade in dieser ganz undichterischen Verwendung der poetischen Mittel tritt es zu Tage, wie sehr ihm das künstlerische Masshalten abging. Mehr gewandt als gemüthvoll und gedankenreich, musste ihm sein bedeutendes Formtalent verderblich werden. Auch sein lebhaftes Temperament ist hier in Anschlag zu bringen. Er klagt wohl der Geliebten sein Leid, aber, um recht eindringlich zu sein, führt er ein ganzes Heer von rhetorischen und poetischen Figuren in's Feld. Apostrophen, Ansrufe, rhethorische Fragen, daneben die Metapher und Epanophora drängen sich in jeder Strophe. Er klagt, er bittet, er droht, Gott und die Welt ruft er zu Zeugen seines Schmerzes an und fordert sie auf, den starren Sinn seiner Geliebten zu brechen. Alles dies, mit Mass angewandt gewiss wirkungsvoll, wird bei Gottfried zu unausstehlicher Manier.

Bei dieser Gedankenarmut finden sich denn auch unendliche Wiederholungen derselben Gedanken, ja oft wörtliche Wiederkehr desselben Verses. Wir meinen hier nicht die künstlerisch beabsichtigte Wiederkehr desselben Verses in der Epanaphora [1]).

Es konnte nicht fehlen, dass, da die Dichter stets

---

[1]) Wir haben die anstössigsten dieser Wiederholungen unter den ‚Anmerkungen' zusammengestellt.

das gleiche Thema behandelten und je nach ihrem Talent mehr oder minder glücklich gestalteten, bald eine Anzahl eigenthümlicher Anschauungen und Bilder im Minnegesang als Gemeingut im Schwange waren, die mit der Zeit zu typischer Bedeutung gelangten. Es war dies besonders, wie schon erwähnt, seit dem Bekanntwerden der romanischen Literatur der Fall. Diez (P. d. Tr. S. 225—271) und Wackernagel (Altfrz. L. u. L. S. 193—237) haben eine Anzahl der landläufigsten Wendungen und Phrasen zusammengestellt. Auch bei Gottfried finden wir dieselben zum Theil wieder. Wir sehen aber hierin keine fremde Beeinflussung. Die Kunstpoesie hat überall ihre gemeinsamen characteristischen Züge. Hierher sind namentlich ‚gewisse Gedanken und Bilder zu rechnen, die sich auf allgemeine Vorstellungen der Romantik beziehen' (Diez, P. d. Tr. S. 235). Es können daher Wendungen wie 24, 24. 29, 34, wo Gottfried uns den wunderbaren Zauber schildert, den die Nähe der Geliebten auf ihn ausübte, recht wohl Gottfriedisches Eigenthum sein, wenn auch derselbe Zug bei Walther und Reinmar und noch öfter bei den Provenzalen sich findet [1]). — Dasselbe gilt von 15, 19 *daz wunder hât besunder got mit flîze an sie geleit* (cf. Bartsch, L. D. 35, 231. 144, 331. 164, 3 u. ö.).

Dennoch lassen einige von Gottfried häufig gebrauchte Wendungen, sowie die wörtliche Wiederkehr einiger Gottfriedischer Verse und Strophenanfänge bei spätern Dichtern eine nähere Beziehung derselben zu Gottfried als unzweifelhaft erscheinen.

Gewöhnlich pflegt man in der Literaturgeschichte das ‚schwäbische Dreiblatt' Gottfried von Neifen, Burkhart von Hohenfels und den lustigen Schenken Ulrich von Winterstetten zusammen zu nennen. Ihre Poesie trägt in der That denselben Typus. Namentlich stimmen die Lieder des Schenken mit denen Gottfrieds auch im einzelnen öfters zusammen. Beide haben denselben Wortschatz. Der Anfang der Winterstettischen Strophe (Bartsch,

---

[1]) Man vergl. auch Catull c. LI (ed. Lachmann).

L. D. 161, 123) stimmt mit dem Anfang der Neifischen (Str. 23, 28) wörtlich überein. Woher diese Aehnlichkeit? Man war zu der Ansicht geneigt, beide hätten sich am Hofe König Heinrichs (VII) kennen gelernt. Es läge demnach eine wechselseitige Einwirkung beider vor. — Dieser Aufenthalt des Schenken Ulrich von Winterstetten an König Heinrichs (VII) Hofe ist aber nicht zu erweisen, und, da wir es wahrscheinlich gemacht zu haben glauben, dass Gottfried nur in seiner Jugendzeit und zwar am Hoflager König Heinrichs gedichtet habe, so sind wir auch zu dem Schlusse berechtigt, dass Winterstetten jünger anzusetzen sei und sich Gottfried zum Muster genommen habe [1]).

Fest steht dagegen, dass Burkhart von Hohenfels und Gottfried von Neifen Zeitgenossen sind [2]). Beide lebten zusammen an König Heinrichs Hofe, wo die Dichtkunst in hohen Ehren stand [3]).

---

[1]) Wir haben zu dieser Behauptung auch historische Anhaltspunkte: Nach v. d. Hagen ist der Dichter Ulrich v. Winterstetten ein Bruder des an Heinrich's Hofe lebenden, als eifriger Förderer der Dichtkunst bekannten Schenken Konrad v. Winterstetten († 1239), auf dessen Veranlassung Ulrich v. Türheim den Tristan des Gottfried von Strassburg vollendete und dessen Anregung wir auch den Wilhelm des Rudolf v. Ems verdanken. — Da nun aber ein Schenk Ulrich v. Winterstetten, der mit dem Dichter gleichen Namens identisch sein könnte, urkundlich vor dem J. 1241 überhaupt nicht vorkommt, König Heinrich aber schon 1235 seine Krone verlor, so ist zunächst die Behauptung v. d. Hagen's, dass der Dichter Ulrich v. W. und der Schenk Konrad v. W. Brüder seien, mindestens unbewiesen; auf der andern Seite erhellt aber mit ziemlicher Gewissheit, dass der Dichter Ulrich v. W. an König Heinrichs Hofe nicht gelebt und gedichtet habe. — Nach Gervinus ist der im J. 1258 urkundlich vorkommende Augsburger Domherr Schenk Ulrich v. W. als Dichter anzusehen.

[2]) Burkhart von Hohenfels war am 6. November 1226 am Hoflager Heinrichs zu Weingarten, laut einer Weissenauer Urkunde.

[3]) Staelin a. a. O. S. 769: „König Heinrich, dessen Jugend der Leitung des gesangliebenden Schenken Konrad v. Winterstetten anvertraut war, erheiterte, lebenslustig wie er war, seinen Hof auch durch einen Dichterkreis und galt für so gesangesfroh, dass ihn die bei einem Troubadour erhaltene Sage (Diez, L. u. W. d. Tr. p. 378) noch in der Zeit singen lässt, als der Kaiser, sein Vater, ihn gefangen hatte und ihm die Rüstung ausziehen liess." —

Auch Gottfried von Hohenlohe, von dessen Werken uns zwar nichts erhalten ist, der aber von Rudolf von Ems (Wilhelm M. S. H. IV. 863) als epischer Dichter erwähnt wird, lebte in den Jahren 1228—1232 an König Heinrichs Hofe.

Eben daselbst treffen wir auch noch den etwas ältern Grafen Otto von Botenlauben, den Gottfried auch gekannt zu haben scheint. Er kommt nämlich in einer vom J. 1230 datirten am Hoflager des Königs Heinrich ausgestellten Urkunde vor als Zeuge, zugleich mit dem Vater unseres Dichters, Heinrich von Neifen. Die Anspielung auf die Burg Botenlauben in 35, 8 scheint diese Vermuthung zu bestätigen. Die Aehnlichkeiten in der Poesie beider sind jedoch nicht bemerkenswerth [1]).

Eine weit grössere Uebereinstimmung ergibt sich jedoch aus einer Vergleichung der Gedichte Gottfrieds mit der Poesie des Thurgäuers Walther von Klingen. — Verschiedene Umstände sprechen dafür, dass unser Dichter von Walther von Klingen, der überhaupt durchaus unselbständig war, stark benutzt worden ist. Schon Wackernagel (Walther von Klingen S. 13) hatte Entlehnungen desselben aus Reinmar, Conrad von Würzburg, Wachsmuth von Künzingen und Walther v. d. Vogelweide nachgewiesen. — Mit noch grösserem Rechte hätte er auch Gottfried von Neifen unter jenen geplünderten Sängern nennen dürfen.

Ganz wörtliche Uebereinstimmung zeigen die Verse:
Walth. v. Klingen 5, 19. Neif. 34, 19. *lât si mich genade vinden.*
Walth. 3, 20. Neif. 18, 8. *nu ist si doch mîn küneginne.*
Walth. 1, 14. Neif. 6, 23. *des bin ich an fröiden tôt.*

Fast wörtlich kehren wieder die Verse:
Walth. 1, 6. *frouwe ir sult mich fröide lêren*
Neif. 18, 5. *frouwe ir sult mich hôchgemüete lêren.*

---

1) **Fast wörtlich stimmt:** Neif. 7, 32 Minne, tuo mir swie du wellest: der gewalt ist din mit Botenlauben (Bartsch, L. D. 120, 15) tuo mir swie du wellest frouwe der gewalt ist din.

Neif. 24, 34. *ôhî waz der fröide gît!*
Walth. 5, 12. *âhî waz dem fröide gît!*
Neif. 28, 29. *wê waz wunders lît an wîben!*
Walth. 5, 18. *wê waz wunne an wîben lît!*
Neif. 51, 19. *sô schât ir* (scil. der Hüter) *haz mir kleine*
Walth. 4, 28. *sô schât ir hüeten kleine.*
Neif. 36, 37. *daz min herze muoz erkrachen*
Walth. 1, 11. *krachen muoz das herze min.*
Neif. 35, 13. *du bist sô bescheiden*
Walth. 1, 21. *frouwe ir sint so wol bescheiden.*
Neif. 35, 17. *wol den wolgemuoten wîben!*
Walth. 5, 15. *wol den wolgemuoten guoten wîben!*
Neif. 33, 4. *des bist du wer*
Walth. 2, 27. *des bin ich wer.*
Neif. 50, 22. *der fröide ich in der welt niht geliche*
Walth. 3, 27. *gegen der wunne ich niht geliche.*
Neif. 4, 30. *gegen des wunneclichen meigen bluot*
Walth. 5, 9. *gegen des wunneclichen meigen zit*
Neif. 44, 18. *süeze Minne, bit die hêren, daz si troeste mich vil senden man*
Walth. 3, 9. *süeze Minne, twine die hêren, daz si erkenne minen senden pin* u. s. w.

Auch rühmt Walther von Klingen wie Neifen mit Vorliebe das rothe Mündchen der Geliebten.

Redensarten wie *helfe schin tuon, fröide lêren, swaere büezen, sorge ringen, mit minneclichen sachen, seneclicher pin, unsenftecliche enbern, âne lougen* u. s. w. kehren wie Neifen so bei Walther häufig wieder.

Von beiden gemeinsamen Gedanken erwähnen wir noch: die Frau solle ihn ehren statt hassen. Die Haide zieht ihr farbiges Kleid an. Sie hasst ihn ohne Schuld. Er muss sterben, wenn sie ihm nicht hilft. — Auch das Lob der Frauen bei Walther ist ganz Neifisch.

Aehnliche Strophenanfänge zeigen die Lieder Walthers (I, 1. III, 4. IV, 2) mit denen Neifens 14, 8. 14, 26. 11, 3.

Auch für seine poetische Technik hat Walther von Klingen von Neifen nicht wenig profitirt. Namentlich hat er ihm die metrischen Spielereien wie grammatischer Reim, Binnenreim, Pausen u. dergl. abgelernt.

Wackernagel hat als besonders Gottfriedisch das Hinüberziehen des Satzschlusses an den Versanfang hervorgehoben. Die gleiche Eigenthümlichkeit findet sich jedoch auch bei andern mittelhochdeutschen Dichtern, z. B. Reinmar. Man vergl. Walth. 3, 12:

daz ich solte wol getroestet sin
von ir: nû hât siz verkéret.

3, 18: *wenne willu swaere büezen*
mir: ich bin nâch fröiden ungesunt u. s. w.

mit Neifen 4, 3. 6, 24. 7, 28. 8, 19. 10, 5. 13, 28. 14, 26. 16, 23.

Erwägt man, dass diese Aehnlichkeiten sich in der kleinen Anzahl von nur 32 Strophen Walthers finden, so wird man kaum der Annahme sich verschliessen können, dass Gottfried durch Walther von Klingen benutzt worden sei.

Auch der vielgewanderte Schenke Konrad von Landegge, ein Schweizer und seit 1273 urkundlich vorkommend, muss Gottfrieds Lieder gekannt haben. — Auch hier spielt der rothe Mund der Geliebten eine bedeutende Rolle.

Zwei Strophenanfänge Gottfrieds finden sich bei Konrad von Landegge wörtlich wieder. Cf. M. S. H. 1, 353. 21 mit Neif. 14, 8: *sich hât aber diu süeze zit verkéret.* M. S. H. 1, 358. 61 mit Neif. 47, 12: *schouwet an den grüenen walt.*

Fast wörtlich stimmen ferner M. S. H. 1, 357. 55 *wer kan froelich frô beliben wan bi reinen minneclichen wiben* und Neifen 10, 11 *wer kan froelich frô beliben wan bi reinen lieben wiben.*

M. S. H. 1, 359. 74. *ich wil aber singen*
Neif. 15, 30. *ich wil singen.*

M. S. H. 1, 358. 63. *ich sach einen rôten munt alsô minneclich erlachen*
Neif. 40, 35. *ich sach einen rôten munt lieplich lachen.*

M. S. H. 1, 352. 15. *wie sol daz min herze erliden*
Neif. 4, 34. *wie möht ich den kumber min erliden.*
Auch er versichert, wie Gottfried, dass er nie ein schöneres Weib gesehen. Ihre Augen blicken ihm tief bis auf des Herzens Grund. Sie soll helfen, sonst muss er sterben. — Seltene Wörter wie *créatiure* (1, 357. 57. — 24, 12) und Redensarten der *fröiden enterben* (1, 361. 84) haben beide gemeinsam. Ebenso findet sich die bei Klingen schon bemerkte Eigenthümlichkeit des Hinüberziehens des Satzschlusses an den Versanfang auch bei Landegge öfters. Auch für die Redefiguren zeigt dieser Dichter Vorliebe.

Der Anfang einer Strophe des Bruno von Hornberg (M. S. H. 2, 66. 1) stimmt mit Neifen 12, 33. *loup, gras, bluomen, vogele singen.*

Ebenso stimmt Brunwart von Augheim in vieler Beziehung mit Gottfried von Neifen überein [1]).

IV.
Metrik.

Weit mehr als in Hinsicht auf den Inhalt ist die deutsche Poesie der Form nach von den Provenzalen abhängig. Die deutschen Dichter wetteiferten bald um den Preis der Meisterschaft in allen jenen metrischen Spielereien, welche 50 Jahre früher in der Provence zur höchsten Ausbildung gediehen waren. Fortan wurde auf die Mannigfaltigkeit und Originalität der Töne das Hauptgewicht gelegt. Namentlich wird Gottfried von Neifen als der eigentliche Meister in jener Kunst gepriesen. Eine Characteristik der Poesie Gottfrieds wird daher auch die formale Seite derselben berücksichtigen müssen.

Die Metrik Gottfrieds darf im Allgemeinen als sehr

---

[1]) Weitere Anklänge bei andern Dichtern sind in den Anmerkungen zusammengestellt.

correct gelten. Die Einsilbigkeit der Hebungen und Senkungen ist streng durchgeführt, ohne dass sich der Dichter absonderliche grammatische Freiheiten erlaubt. Nur in dem unechten Büttnerliede finden sich, wie wir schon bemerkt haben, einige fehlenden Senkungen. Wenn dieses Lied aber wirklich unserm Gottfried als völliges Eigenthum angehören sollte, so sind von ihm die Senkungen in bewusster Absicht weggelassen.

Am häufigsten findet sich Inclination (3, 11. 3, 22. 3, 27. 4, 20. 4, 25. 4, 35. 4, 37. 6, 13 u. s. w.) ebenso die Apocope; letztere namentlich vor consonantischem Anlaute (3, 5. 4, 10. 4, 33. 4, 24. 7, 8. 8, 26). Vor vokalischem Anlaut tritt Synalöphe ein. Dieser Fall ist sehr häufig (3, 3. 3, 9. 3, 11. 4, 8. 4, 20. 4, 33 u. s. w.). Weit seltener ist dagegen die Synäresis (z. B. *nu ist* 3, 27. 30, 8. 38, 4). Verschleifung ist gleichfalls gewöhnlich (3, 6. 4, 3. 5, 27. 7, 19 u. s. w.). Doch tritt auch Syncope ein (8, 6 *mange*. Dagegen 8, 27 *manegem*).

Zweisilbiger Auftakt ist nirgends bemerkt worden. 48, 9 ist zu betonen *nu wol úf*. Es wird hier durch Verschleifung das *wol úf* weggeschafft. Der Refrain wird öfters angewandt, jedoch nie als sog. *júwe zunge*. — Als einziges Beispiel des unreinen Reimes möchten sich vielleicht nur in Lied 48, 19 die Reime *gras : naz : daz* anführen lassen. — In v. 14, 25 setzt Gottfried des Reimes wegen *n* statt *m* (*kan : gran* statt *gram*).

Dactylische Verse finden sich nur vereinzelt und mit Trochäen gemischt. So in dem dreistrophischen Lied 37, 2, wo der 2., 6. und 12. Vers jeder Strophe ein Dactylus ist.

In dem Lied 49, 14 wechselt dactylischer mit trochäischem und jambischem Rhythmus.

Weitaus am häufigsten findet sich in der mhd. Poesie der trochäische Rhythmus (cf. Wilmanns, Walth. p. 39 flgd. Pfeiffer, Walth.[3] p. LIV. Rieger, Anweisung p. 268). So auch bei Gottfried.

Ganz rein zeigt sich der trochäische Rhythmus in den

den Liedern 5, 25. 7, 15. 8, 23. 9, 36. 11, 6. 12, 33. 14, 8.
16, 9. 21, 2. 23, 8. 24, 21. 27, 15. 28, 18 [nur die der
letzten Zeile voraufgehende Waise ist jambisch]. 31, 27.
32, 14. 33, 33. 35, 17. 36, 4. 37, 2. 38, 4. 38, 26. 39, 35.
40, 25. 42, 1. 42, 21. 42, 35. 43, 26. 46, 3. 46, 17. 47, 10.
52, 7. —
 Mit Jamben gemischt: 3, 1. 4, 27. 15, 6. 17, 17 (der
Abgesang ist rein jambisch). 19, 32 (enthält nur Einen
trochäischen Vers). 22, 15. 24, 35. 34, 26. 48, 9. 51, 20.
Rein jambisch sind die Lieder 11, 34. 29, 36. 44, 20.
45, 8. 45, 21. 46, 31. 50, 7. 52, 25. —
 Wo sich Trochäen und Jamben gemischt zeigen, da
kehren sie meist regelmässig durch die verschiedenen
Strophen an derselben Stelle wieder. Dies ist jedoch
keineswegs immer der Fall, z. B. schon gleich in dem
ersten Liede nicht. Die erste Strophe zeigt Auftakt in
der letzten Zeile der beiden Stollen und des Abgesanges.
Um aber aus symmetrischen Rücksichten auch in der
vierten Zeile von Str. 3 den Auftakt herzustellen, müsste
man *der ist* schreiben, andrerseits müsste man im folgenden Verse um den Auftakt wegzuschaffen, mit Aphäresis
nust lesen u. s. w. — Wir werden daher im folgenden
stets nur die erste Strophe eines jeden Liedes berücksichtigen.
 In 4, 27 zeigt nur die letzte Zeile des Abgesanges Auftakt. Sonst ist das Lied ganz trochäisch. — Ebenso 15, 6.
 In 17, 17 kehrt der Auftakt regelmässig wieder in
den beiden letzten Zeilen eines jeden Stollen. 19, 32 beginnt der Auftakt den Abgesang.
 In der 23zeiligen Strophe 24, 35 sind nur die dritte,
fünfte und siebente Zeile eines jeden Stollen und die fünfte
und siebente Zeile des Abgesanges trochäisch.
 34, 26 ist unregelmässig. In 48, 9 ist die erste Zeile
eines jeden Stollen und der ganze Abgesang jambisch. In
51, 20 zeigt wieder nur die erste Zeile des Abgesanges
Auftakt.
 Wir gehen jetzt zu einer Darstellung der verschiedenen Versarten über.

A. Die Versarten.

1. Vers von einer Hebung.

Dieser Vers kommt selbständig bei Neifen nie vor. Meist ist er als Pause oder Binnenreim eingefügt. So 38, 28. — In der Form ∪ ˊ ∪ steht er 15, 6 im Abgesang; jedoch auch hier als Binnenreim.

2. Vers von zwei Hebungen.

Bei Neifen selten selbständig. Meist ist er wie der einmal gehobene Vers einem grössern Verse als Pause oder Binnenreim eingefügt. Selbständig und zwar verbunden mit dem dreimal gehobenen Vers steht er:

a. jambisch mit klingendem Ausgang (∪ ˊ ∪ ˊ ∪) in Lied 24, 35 als erste Zeile der Stollen und des Abgesanges.

b. jambisch mit klingendem Ausgang, verbunden mit dem trochäischen klingend ausgehenden Verse 48, 9 und zwar ist hier die erste Zeile jedes Stollen jambisch, während die zweite und dritte trochäischen Rhythmus hat. — Im Abgesang ist hier nach Bartsch (Germ. XII. 129) innerer Reim anzunehmen. Unser Vers erscheint dahier mit dem jambisch stumpfreimenden Verse von neun Hebungen verbunden.

Verbunden mit dem Verse von vier und sechs Hebungen steht er 51, 20 und zwar so, dass der trochäische Vers mit dem jambischen stumpf reimt.

c. jambisch mit klingendem Ausgang verbunden mit dem vier- und fünfmal gehobenen jambischen Vers im Abgesang von 22, 15. — Vielleicht ist auch hier Binnenreim anzunehmen. Sicher ist dies der Fall in den Liedern 14, 34. 15, 6.

3. Vers von drei Hebungen.

Dieser Vers steht:
1. rein durchgeführt durch die ganze Strophe (34, 26. 44, 20).

2. mit andern Versarten gemischt und zwar:
 a. nur mit einer:
  α. mit dem zweimal gehobenen. 24, 35 (s. oben).
  β. mit dem viermal gehobenen. 3, 1. 32, 14. 37, 2. 45, 21. 52, 7.
  γ. mit dem fünfmal gehobenen 8, 23. 17, 17.
  δ. mit dem siebenmal gehobenen 7, 15.
 b. mit mehreren zugleich und zwar:
  α. mit dem vier- und fünfmal gehobenen 27, 15.
  β. mit dem fünf- und siebenmal gehobenen 19, 32.
  γ. mit dem zwei-, vier- und fünfmal gehobenen 22, 15.
3. Nur im Abgesang durchgeführt 8, 23.
4. Nur in den Stollen 3, 1. 7, 15. 22, 15. 27, 15.
5. In den Stollen und im Abgesang 17, 17. 19, 32. 24, 35. 32, 14. 34, 26. 37, 2. 44, 20. 45, 21. 52, 7.

Rhythmus und Reim.

1. jambisch.
 a. stumpf 3, 1.
 b. klingend 19, 32. 22, 15. 45, 21.
 c. stumpf und klingend 44, 20. — Da hier der klingende Reim vorausgeht, so kann diese Strophe nach Bartsch (Germ. II. 257. 273) als aus der altepischen, durch Binnenreim gebrochenen Langzeile hervorgegangen angesehen werden.
2. trochäisch.
 a. stumpf fehlt.
 b. klingend 7, 15. 8, 23. 27, 15. 34, 26. 52, 7.
 c. stumpf und klingend 32, 14 (im Aufgesang stumpf, im Abgesang klingend).
   37, 2 in regelmässigem Wechsel. — Dieser in der lyrischen Mönchspoesie und bei den Romanen sehr gewöhnlichen Verbindung des sieben- und sechssilbigen trochäischen Verses entspricht die des acht- und siebensilbigen jambischen Verses, wie sie 45, 8 und 45, 21 haben.
3. trochäisch und jambisch.
   17, 17. Die drei ersten Zeilen der Stollen sind

trochäisch (klingend), die beiden letzten Verse der Stollen jambisch (der erste klingend, der zweite stumpf). — Der ganze Abgesang ist jambisch (klingend).

24, 35. Hier sind Trochäen mit Trochäen und Jamben mit Jamben in regelmässigem Wechsel verbunden.

4. Vers von vier Hebungen.

Der Vers von vier Hebungen ist in der deutschen und romanischen Poesie der älteste und weitaus am häufigsten gebrauchte. In der spätern Kunstlyrik wurde er mehr vernachlässigt. Hier ist der alte stumpfe achtsilbige Vers, paarweis gereimt, selten.

Stumpf steht er bei Neifen in dem Volksliedchen 52, 35.

Klingend in dem Pilgrimlied 45, 8. Ebenso im Abgesang von 42, 35.

Sonst ist er stets gehäuft, wie in 4, 27. 5, 25. 12, 33. 35, 37. 36, 4, oder in den Stollen grammatisch (aber paarweis) reimend: 9, 26. Mit Zwischenreim 9, 26. 28, 18. In Stollen und Abgesang 21, 2. 42, 2.

Auf den Vers von fünf Hebungen reimt er 4, 27, auf den von sieben Hebungen 40, 28, auf den von acht Hebungen 11, 34. In letzterer Strophe zwischen beiden Versen eine Waise von vier Hebungen. Auch 28, 18 und 45, 8 findet sich dieser Vers als Waise.

Wir gehen über zu den verschiedenen Verbindungen dieses Verses, wie wir sie bei Gottfried von Neifen finden:

1. Durch die ganze Strophe hindurch und für sich allein stehend findet er sich 5, 25. 9, 26. 23, 8. 24, 21. 28, 18. 42, 1. 42, 21. 46, 3. 46, 17. 47, 10. 52, 25 und zwar mit klingendem Ausgang, für sich allein, in keiner Strophe. Mit stumpfem Ausgang in dem schon erwähnten Volksliedchen 52, 25. Beides ist überhaupt selten.

Die neun übrigen Lieder haben sämmtlich trochäischen Rhythmus mit wechselndem stumpfem und klingendem Ausgang.

Auch 12, 33 und 33, 33 findet sich diese Verbindung, die überhaupt in der deutschen Lyrik sehr gebräuchlich ist.

2. Sonst kommt der viermal gehobene Vers nur in Verbindung mit andern Versarten vor und zwar:
 a. mit dem Vers von drei Hebungen 3, 1. 32, 14. 37, 2. 45, 21.
 b. mit dem Vers von fünf Hebungen.
  α. stumpf 21, 2. 31, 27. 36, 4. Diese Verbindung des achtsilbigen, klingenden trochäischen Verses (́‿ ‵ ‿́‿ ‿́ ‿) mit dem neunsilbigen stumpfreimenden (‵ ‿ ‵ ‿ ‵ ‿ ‵ ‿) ist nach Bartsch (Germ. II, 277) ursprünglich deutsch und kommt im Romanischen nicht vor.
  β. mit dem klingenden und stumpfen fünfmal gehobenen Vers erscheint er auch noch 4, 27. 42, 35 — mit dem klingenden allein 29, 36. 38, 4.
 c. mit dem Vers von sechs Hebungen 12, 33. 16, 9.
 d. mit dem von sieben Hebungen 15, 6.

Mit dem zwei-, drei- und fünfmal gehobenen Vers 27, 15. — Mit dem von zwei und sieben Hebungen 40, 25. — Mit dem von drei, fünf und sechs Hebungen 35, 16. — Mit dem von fünf, sechs und sieben Hebungen 38, 26. — Mit dem von drei, fünf und sieben Hebungen 43, 26. — Mit dem von drei und acht Hebungen 52, 7. — Mit dem von zwei und sechs Hebungen 51, 20.

3. Nur in den Stollen steht der viermal gehobene Vers in folgenden Liedern: 3, 1. 31, 27. 38, 26. 45, 21.
4. Nur im Abgesang: 4, 27. 15, 6. 32, 14. 37, 2. — Die beiden letzteren Lieder bestehen aus vierzehnzeiligen Strophen zu je drei Hebungen (cf. p. 39, c.). Den Schluss des Abgesanges bildet ein Vers mit vier Hebungen mit stumpfem Ausgang.
5. In den Stollen und im Abgesang:
5, 25. 9, 26. 11, 34. 12, 33. 16, 9. 21, 2. 22, 15. 23, 8.

24, 21. 27, 15. 28, 18. 29, 36. 33, 33. 35, 17. 36, 4.
38, 4. 40, 25. 42, 1. 42, 21. 42, 35. 43, 26. 45, 8. 46, 17.
47, 10. 51, 50. 52, 7. 52, 25.

Rhythmus und Reim.

1. jambisch
 a. stumpf: 11, 34. 29, 36. 45, 8. 45, 21. In den beiden letzten Strophen ist der achtsilbige stumpfe Jambus mit dem entsprechenden klingenden siebensilbigen verbunden, was sich besonders bei Dichtern findet, die leichte Melodien lieben.
 In 45, 8 bilden beide ein wirkliches Ganzes mit der Caesur (Waise) nach der achten Silbe.
 b. der klingende (neunsilbige) Jambus kommt nicht vor.
2. trochäisch
 a. stumpf: 3, 1. 4, 27. 15, 6. 32, 14. 37, 3. 38, 4. 40, 25. 51, 50. 52, 7. 52, 25.
 b. klingend: 16, 9. 21, 2. 27, 15. 31, 17. 35, 17. 36, 4. 38, 4. 42, 35. 43, 26.
 c. stumpf und klingend: — Auch diese Verbindung findet sich öfters und zwar fast nur bei den schon oben angeführten Liedern die den Vers von 4 Hebungen durch die ganze Strophe durchführen; und zwar steht der stumpfe Reim immer am Schlusse des Abgesanges (einzige Ausnahme 12, 33, wo der vier mal gehobene stumpfe Vers nur am Schlusse jedes Stollen steht, der sechsmal gehobene stumpfe Vers dagegen am Schlusse des Abgesanges).

 Am Schlusse der Stollen und des Abgesanges 42, 1. 46, 17.

 Am Schlusse der Stollen: Erste und letzte Zeile des Abgesanges 23, 8. 24, 21. 42, 21. 46, 9. —

 Am Schlusse der Stollen: Zweite und letzte Zeile des Abgesanges 33, 33.

 Am Schlusse der Stollen: Dritte und letzte Zeile des Abgesanges.

 Am Schlusse der Stollen: Zweite, dritte und letzte Zeile des Abgesanges 9. 26.

In der ersten und letzten Zeile der Stollen und dem ganzen Abgesang 28, 18 (der vorletzte Vers des Abgesanges hat Auftakt und steht als Waise). Nur in der zweiten und letzten Zeile des Abgesanges 5, 25.

3. trochäischen und jambischen Rhythmus zeigt in regellosem Wechsel das Lied 22, 15.

5. Vers von fünf Hebungen.

Dieser aus dem Romanischen entlehnte Vers ist bei den deutschen Lyrikern weit seltener wie der vorige und dient gewöhnlich dazu, eine Strophe von kurzen Versen abzuschliessen. Wir finden ihn daher auch:
1. durch die ganze Strophe reimend nur 14, 8 und 49, 14. — In letzterem Liede weist jedoch der Refrain daneben einen viermal gehobenen dactylischen Vers auf.
2. sonst ist er stets mit andern Versen gemischt und zwar:
a. mit dem von drei Hebungen: 17, 17. 33, 33. 50, 7.
b. mit dem von vier Hebungen: 4, 27. 21, 2. 29, 36. 35, 17. 36, 4. 38, 4.
c. mit dem von sieben Hebungen (im Abgesang) 3, 1. 7, 15.
d. mit dem drei-, vier- und siebenmal gehobenen Verse: 3, 1. 43, 26.
e. mit dem drei- und viermal gehobenen: 27, 15.
f. mit dem von zwei und vier Hebungen 22, 15.
g. mit dem von vier, sechs und sieben Hebungen 38, 26.
3. Nur am Ende der Stollen stehend: 31, 27.
4. Die gewöhnliche Stellung dieses Verses ist am Anfang des Abgesanges: 3, 1. 7, 15. 19, 32. 22, 15. 44, 20.

Am Anfang und Schluss des Abgesanges: 17, 17. Nur am Schluss des Abgesanges: 33, 33. 35, 17. An andern Stellen des Abgesanges: 38, 26. 43, 26.

5. In Stollen und Abgesang:
am Schluss von Stollen und Abgesang 21, 2. 36, 4. 42, 35. am Schluss der Stollen; Anfang und Schluss des Abgesanges 27, 15. 29, 36. 38, 4.

Durch den ganzen Stollen, Anfang des Abgesanges 50, 7.

Durch den ganzen Stollen, Schluss des Abgesanges:
4, 27. Durch den ganzen Stollen und im ganzen Abgesang: 14, 8.

An andern Stellen: 8, 23. 39, 35.

Rhythmus und Reim.

1. jambisch. Dieser Vers, sonst in der Lyrik gewöhnlicher wie der gleich gehobene trochäische, findet sich bei Neifen weit seltener:
   a. stumpf: 22, 15.
   b. klingend: 29, 36. 50, 7.
   c. stumpf und klingend: 17, 17.
2. trochäisch.
   a. stumpf: 21, 2. 27, 15. 31, 27. 33, 33. 35, 17. 36, 4. 43, 26.
   b. klingend: 3, 1. 7, 15. 8, 23. 19, 32. 38, 4. 38, 26. 39, 35. 42, 35. 45, 8.
   c. stumpf und klingend: 4, 27. 14, 8.
3. jambisch und trochäisch: 49, 14. stets klingender Ausgang. Der Jambus steht nur im Refrain.
   4, 27. Hier steht bei ganz trochäischem Rhythmus am Schlusse des Abgesanges ein Jambus.

6. Vers von sechs Hebungen.

Bei Neifen erscheint dieser Vers nur trochäisch und nur stumpf gereimt (8, 23. 12, 33. 16, 9. 31, 27. 35, 17. 38, 26. 51, 20) und zwar durch keine Strophe rein durchgeführt, sondern immer mit andern Versarten gemischt. So mit dem klingenden Vers von vier Hebungen 12, 33. 16, 9. 35, 17; mit dem klingenden Vers von fünf Hebungen 8, 23.

Mit dem Vers von zwei, fünf und acht Hebungen verbunden 31, 27 und in Verbindung mit Versen von zwei und vier Hebungen: 51, 20.

Er steht mit Ausnahme von 31, 27 (wo er den Abgesang beginnt) stets am Schluss und zwar:
1. des Stollens: 35, 15. 38, 26.

2. des Abgesanges: 12, 33.
3. des Stollens und des Abgesanges: 8, 23. 16, 9. 51, 20.

7. Vers von sieben Hebungen.

Häufiger in der Spruchpoesie als im Liede. Nie durch eine Strophe rein durchgeführt. Gewöhnlich verbunden mit Versen von fünf Hebungen 3, 1. 38, 26. 39, 35, 46, 31.

oder mit dem von vier Hebungen 11, 34. 15, 6. 43, 26.
mit dem von drei und fünf Hebungen 7, 15. 19, 32.
mit dem von acht und neun Hebungen 11, 6.
mit dem von zwei und vier Hebungen 40, 25.
Gewöhnlich erscheint er am Schlusse:
1. Des Stollens 43, 26.
2. Des Abgesanges 38, 26. 46, 31. 37, 2.
   In den beiden letzten Zeilen des Abgesanges steht er 3, 1. — Am Anfange des Abgesanges 11, 34.
3. Am Schluss von Stollen und Abgesang 19, 32. 40, 25.
   Am Schluss des Stollens, Anfang und Schluss des Abgesanges 39, 35.
   Am Schluss des Stollens, in den beiden letzten Zeilen des Abgesanges 7, 15.
   Im ganzen Stollen und am Schluss des Abgesanges 15, 6.
4. Im Anfang des Stollens und in den beiden ersten Zeilen des Abgesanges 11, 6.
   Jambisch mit stumpfem Ausgang 19, 32, mit klingendem Ausgang 11, 34. 46, 31. In letzterem Falle mit Caesur nach der vierten Hebung.
   Als Trochaeus findet er sich stumpf 38, 26. 40, 25. 43, 26. 37, 2.
   Abwechselnd trochäischen und jambischen Rhythmus zeigen 3. 1. 7, 15. 15, 6.

8. Vers von acht Hebungen.

Der ursprünglich deutsche Vers von acht Hebungen findet in der Regel am Schluss der Strophe. So auch bei Gottfried in den vier Stellen, wo er erscheint: 11, 6. 11, 34.

31, 17. 52, 7 und zwar stets mit stumpfem Ausgang. —
11, 34 hat jambischen, die übrigen (11, 6. 31, 27. 52, 7)
dagegen trochäischen Rhythmus. Letzterer stets mit weiblicher Caesur nach der vierten Hebung, während in 11, 34
theils männliche Caesur nach der achten, theils weibliche
nach der siebenten Hebung steht.

Meist erscheint er mit dem Vers von vier Hebungen,
verbunden. In dem Lied 11, 6 mit dem von sieben und
neun Hebungen. Letzterer ein jambischer Vers mit klingendem Ausgang am Ende der Stollen stehend!

Einen Vers von neun Hebungen (Jambus mit
stumpfem Ausgang) erhalten wir, wenn wir mit Bartsch
im Lied 48, 9 die letzten vier Verse des Abgesanges in
Einen zusammenziehen.

Fassen wir nun das Resultat unserer Untersuchungen
zusammen, so sehen wir, dass Gottfried von Neifen mit
besonderer Vorliebe den viermal gehobenen Vers verwendet.
Nächst diesem gibt er dem Vers von fünf Hebungen den
Vorzug, wenn auch der dreimal gehobene der Anzahl der
Verse nach öfter vorkommen mag. Der Vers von fünf
Hebungen ist dagegen in einer grössern Strophenanzahl
verwandt.

Sodann liebt Neifen mehr den trochäischen als den
jambischen Rhythmus, und gibt dem klingenden Versausgang vor dem stumpfen weit den Vorzug.

Wir können nunmehr, nachdem wir die einzelnen
Versarten abgehandelt haben, zur Anordnung derselben in
der Strophe übergehen.

B. Der Strophenbau.

Die Lieder Gottfrieds zeigen mit Ausnahme des
schon oben (S. 15) besprochenen Liedes 47, 10, das wir
zweitheilig auffassen und des scheinbar zweitheiligen
Liedes 16, 19, worüber gleichfalls oben (S. 15) gehandelt
wurde, das urdeutsche Gesetz des dreitheiligen Strophenbaues.

Verhältnis der Stollen zum Abgesang.

I. Die Trennung der Stollen vom Abgesang.

Die beiden Stollen einer Strophe sind immer was Zahl und Länge der Verse, Geschlecht und Anordnung der Reime betrifft, einander völlig entsprechend. Der Abgesang erscheint in der Regel von den Stollen scharf abgegrenzt und zwar bei Gottfried durch folgende Mittel:

1. Eintritt eines neuen Reimes oder einer neuen Reimordnung.
2. Eintritt einer neuen Anordnung des Reimgeschlechtes.
3. Eintritt einer neuen Versart oder Umstellung der in den Stollen üblichen Versarten.
4. Wechsel des Rhythmus, der den Schluss des zweiten Stollen erkennen lässt.

Das erste Kriterium gilt von allen Liedern mit einziger Ausnahme des Liedes 34, 26. Von den übrigen Kriterien erschienen in der Regel verschiedene zu gleicher Zeit. Meist tritt zu Nr. 1 noch Nr. 2 hinzu. So in 8, 23. 11, 34. 12, 33. 22, 2. 23, 8. 24, 21. 27, 15. 28, 18. 29, 36. 32, 14. 33, 33. 35, 17. 36, 4. 38, 4. 38, 26.

Das Kriterium Nr. 3 kann sich entweder so gestalten, dass der eintretende neue Vers: a) länger, b) kürzer als die letzte Zeile des zweiten Stollens ist.

Die Kriterien 1, 2 und 3a treffen wir vereinigt in 22, 15. 31, 27. 38, 4. 38, 26.

Die Kriterien 1, 2 und 3b in 40, 25. 45, 21.

Endlich 1, 4 und 3b in 49, 14.

Nr. 1 und 3a zusammen finden sich 4, 27. 7, 15. 15, 6 und 19, 32.

In der Regel ist der Abgesang grösser als je einer der Stollen. Gleich gross erscheint er: 7, 15. 14, 8. 15, 6. 19, 32. 31, 27. 38, 26. 39, 35. 42, 35. 47, 10. 49, 14. 52, 7.

Kürzer (was als Ausnahme zu betrachten ist) dagegen in 3, 1. 44, 20 und 48, 9 (wenn man mit Bartsch in letzterem Binnenreim annimmt).

Der letzte Vers der Stollen ist mit dem des Abgesanges bei Gottfried meist gleich gross. Grösser ist der letzte Vers des Abgesanges in den Liedern: 3, 11. 11, 34. 12, 33. 17, 17. 31, 27. 32, 14. 33, 33. 37, 2. 38, 26. 46, 31. 48, 9. 52, 7. Kleiner nur 11, 6. 35, 17. 43, 26. 50, 7.

Der letzten Zeile des Abgesanges ist eine Waise vorgeschoben 28, 28. 43, 26.

Der Refrain fällt immer mit dem Abgesang zusammen.

II. Verwandtschaft von Stollen und Abgesang.

Dieser scharfen Trennung, welche Stollen und Abgesang auseinander hält, steht eine gewisse Verwandtschaft beider gegenüber.

Die Symmetrie des Strophenbaues verlangt innerliche Abrundung. Ein höchst künstliches Beispiel bietet das Lied 21, 2 dar. Der übergehende Reim und die Pausen sind hier Verknüpfungsmittel.

1. Jeder Stollen ist in sich selbst abgeschlossen. Es reimen in jedem der Stollen der Schluss der zweiten Reimzeile mit dem Anfang der dritten.
2. Die beiden Stollen sind mit einander verbunden. Es reimt der Schluss des ersten Stollens mit dem Anfang des zweiten.
3. Der Abgesang ist in sich abgeschlossen. Es reimt der Schluss seines ersten Verses mit dem Anfang des zweiten.
4. Abgesang und Aufgesang sind dadurch verknüpft, dass der letzte Vers des ersteren mit dem Schluss des zweiten Stollens als Pause reimt.

Selbst die einzelnen Strophen eines Liedes sind oft nach provenzalischer Manier (Bartsch, Reimkunst der Troubadours in Eberts Jahrbuch I, 338) unter einander verbunden. So durch das Vokalspiel î - ê - â - ô - û im Lied 21, 2. In ähnlicher Weise verkettet ist 38, 24.

Durchaus unverbunden stehen sich bei Gottfried Aufgesang und Abgesang nirgends gegenüber. In der Regel kehren einer oder mehrere Verse der Stollen im Abgesang der Zahl der Hebungen oder dem Reime nach wieder. Namentlich stimmen häufig der Schluss der Stollen und des Abgesanges im Endreim (7, 15. 12, 33. 17, 17. 19, 32. 42, 35). In andern Strophen dient der übergehende Reim (21, 2) oder die Pause (3, 1. 8, 23. 9, 26. 14, 8. 42, 1. 38, 26. 46, 17) zur Verkettung der Strophentheile.

Den Provenzalen — die sich überhaupt aller Mittel des Satzbaues und des Reimes bedienen, um die Strophe in sich und unter einander zu verknüpfen — entlehnt ist auch die Manier, nur zwei Reime durch die ganze Strophe durchzuführen (Wackernagel, Altfranz. L. u. L. S. 217). So bei Neifen die Lieder 36, 4. 42, 21. 46, 3.

Dieser Künstelei entsprechend und auch provenzalischen Ursprunges ist es, wenn der Dichter in dem Lied 11, 6 die Verse der ersten Strophe (die sonst als Waisen dastünden) mit dem entsprechenden der dritten Strophe und die der zweiten mit den entsprechenden Versen der vierten Strophe verknüpft.

Auf gleiche Weise reimen in dem Lied 27, 15 die Verse der ersten und zweiten und die der dritten und vierten Strophe an entsprechender Stelle.

In dem Lied 34, 26 reimen die Schlusszeilen der ersten und dritten und der zweiten und vierten Strophe gleichfalls als Körner. Auch die Durchführung eines bedeutsamen Wortes durch eine einzelne oder durch mehrere Strophen — was sich bei Neifen sehr oft findet — kann man zu diesen Mitteln der Strophenverkettung zählen.

Aus dem Romanischen entlehnt ist auch die Art, den Schluss einer Strophe am Anfang der folgenden wieder aufzunehmen. Ein Beispiel hierfür bietet das Lied 51, 20.

Wir geben zuletzt eine Uebersicht der bei Neifen vorkommenden Strophenformen.

Schon wiederholt hatten wir Veranlassung (S. 9, 12 f.) den Strophenbau der beiden Lieder 44, 20 und 45, 8 in's Auge zu fassen. Es ist dort bemerkt worden, dass die Strophe 44, 20 als aus der altepischen durch Binnenreim gebrochenen Langzeile hervorgegangen betrachtet werden kann. Die zweite Hälfte einer diesen beiden Langzeilen ist dem Reime nach wiederholt. Wir haben hier das Princip der Dreitheiligkeit in höchst einfacher Form. Auch 45, 8 ist dreitheilig aufzufassen, mag man nun in dieser Strophe die altepische Langzeile erkennen oder sie in kürzere Verse auflösen. In dem fünfzeiligen auch durch seinen gepaarten Reim auffallenden Liedchen 52, 25 wird der Strophenschluss durch einen in das zweite Reimpaar eingeschobenen Vers bezeichnet, der hier jedoch nicht als Waise erscheint, sondern in mehr kunstvoller Weise mit den beiden ihn umgebenden Zeilen im Reim übereinstimmt. Die drei Verse zusammen bilden den Abgesang.

In dem Lied 15, 7 hat Bartsch (Germ. XII, 129 fflgd.) in der ersten Zeile jedes Stollens Binnenreim angenommen und ebenso die drei letzten Verse des Abgesanges in Einen Vers zusammengezogen, da sonst an entsprechender Stelle der übrigen Strophen ein Wechsel von männlichen und weiblichen Reimen eintreten würde. Die Strophe besteht demnach aus vier Zeilen nach folgendem Schema:

7 Hebungen stumpf a.
7 Hebungen stumpf a.
4 Hebungen stumpf b.
7 Hebungen stumpf b.

Hier wird der Abgesang durch die beiden letzten Reimzeilen gebildet.

Die Lieder 45, 21 und 49, 14 haben ganz gleichen Strophenbau: der Stollen zu je vier und der Abgesang zu zwei Versen. Letzterer in beiden durch den Refrain gebildet. Auch das Reimschema ist dasselbe: abab,cc. Das erstere lässt sich jedoch ganz gut, weil aus stumpfreimenden Jamben zu 4 Hebungen bestehend, die mit klingenden Jamben verbunden sind, ebenfalls als Modification der altepischen Langzeile auffassen.

Dem Reimschema nach stimmen mit diesen beiden überein die Lieder 45, 21. 49, 14 und auch 31, 27. —

In schönster Symmetrie spricht sich das Gesetz der Dreitheiligkeit aus in der

siebenzeiligen Strophe.
Diese ist daher als Grundform des dreitheiligen Systems zu betrachten.

Bei Gottfried findet sich diese Strophe achtmal; meist mit überschlagendem Reim. Derselbe Reim durch Stollen und Abgesang durchgeführt erscheint in folgenden Formen: 36, 4 abab/aab. — 42, 21 abab/bab. 46, 3 abab/bab. Die beiden letzteren haben gleiches Schema. — Die letzte Zeile des Abgesanges reimt mit der letzten der Stollen 46, 31 abab/ccb. — Die Form abab/ccd findet sich 40, 25 und 46, 17. — 24, 21 ist die erste Zeile des Stollens im Abgesang wiederholt: abab/cac.

Eine Waise zwischen beiden Zeilen des Abgesanges eingeschoben, wodurch die Strophe siebenzeilig wird, findet sich in dem Liede 11, 34 (abab/c Waise c).*— In dem Liede 11, 6 (abcd/efg) reimen die Verse, wie schon erwähnt, erst in der dritten Strophe; jeder Vers enthält einen neuen Reim.

Das Lied 34, 26 endlich zeigt diese Künstelei in der letzten Zeile des Abgesanges; zugleich enthält es das andere Extrem, nämlich die Durchführung desselben Reimes durch die ersten sechs Zeilen der Strophe.

Die achtzeilige Strophe.
Aus der siebenzeiligen durch Erweiterung entstanden, findet sie sich bei Gottfried nur dreimal. Auch sie hat in den Stollen stets überschlagenden Reim; der Abgesang dagegen gepaarten (51, 20 abab/ccdd).

Das Lied 8, 23 hat das Schema abab/cccd, wobei d auf die erste Hebung der ersten Zeile des ersten Stollens als Pause reimt. — In 35, 17 wiederholt sich die Schlusszeile der Stollen am Schlusse des Abgesanges (abab/cccb).

Weit öfter als die achtzeilige Strophe verwendet Gottfried die

Neunzeilige Strophe.
Sie entsteht durch Einfügung einer Waise in den Abgesang der achtzeiligen Strophe. — Stollen und Abgesang sind bei Gottfried hier durchweg gleich. Mit gehäuftem

Reim erscheint die neunzeilige Strophe 39, 35 (aaabbb/ccc).
Die Lieder 14, 8 und 38, 26 haben beide das Schema
abc abc/dde: e (in Pause). In 7, 15 (abc abc/dde) und
19, 32 (aab ccb/ddb) kehrt dagegen die letzte Zeile des
Stollens als letzte Zeile des Abgesanges wieder.

Die zehnzeilige Strophe.
Sehr häufig angewandt. Sie findet sich, mit alleiniger
Ausnahme von 43, 26 (abab/cdcd Waise e: e in der ersten
Zeile des Abgesanges als Pause reimend), bei Gottfried
stets in dem richtigen Verhältniss von Stollen und Abgesang. — Der Stollen besteht durchweg aus drei, der
Abgesang aus vier Zeilen..
Es sind dies die Lieder:
12, 33. abc abc/ddde. — 21, 2. aab ccd/effg. —
22, 15. aab ccb/dced. — 23, 8. abc abc/deed. —
27, 15. aab aab/cdde. — 29, 36. abc abc/deed. —
31, 33. aaa bbb/ccdd. — 38, 4. aab ccb/deed.
42, 1. aab ccb/ddde : e (Pause). — 50, 7. abc abe/dddd.
Nicht von gleicher Symmetrie ist Gottfrieds

elfzeilige Strophe.
Nur 9, 26 aab aab/cdcde : e (Pause) und 28, 18 aab
ccb/ded Waise e, weisen das richtige Verhältniss auf.

Die zwölfzeilige Strophe
findet sich in Gottfrieds Liedern nicht.

Die dreizehnzeilige Strophe
steht 5, 25 abcd abcd/efeef und zwar im richtigen
Verhältniss von Stollen und Abgesang.

Die vierzehnzeilige
kommt zweimal vor: 32, 14 abcd deba/efefeg : g (Pause).
Hier ist besonders die umgekehrte Stellung des Reimes in
den Stollen zu beachten. — 37, 2 abcd abcd/efef Waise a.

Die sechszehnzeilige Strophe
erscheint nur einmal. 17, 17: aaaab ccccb/dddddb.
Ebenso erscheint einmal die in der deutschen Lyrik
höchst seltene ((Gr. altd. Meistergesang 71)

dreiundzwanzigzeilige Strophe,
nämlich: 24, 35 ab ab aac : ab ab aac/dedede ddc.

C. Der Reim.

In der Behandlung des Reimes ist Gottfried der unübertroffene Meister.

Schon oben haben wir der im Liede 44, 20 sich findenden alterthümlichen stumpfen Reime *kundè* : *bundè* : *gundè* Erwähnung gethan [1]). Seit Veldeke, der als der Erste den Tiefton der zweiten Silbe für eine Senkung rechnete, war dieser Gebrauch des stumpfen Reimes aus der deutschen höfischen Lyrik verschwunden. Noch Spervogel reimt *waldès* : *goldès*. Nur in der volksthümlichen Lyrik blieb er noch länger in Gebrauch. Darum hat auch sein Vorkommen in dem vorliegenden Liedchen nichts befremdendes, mag es nun ganz dem Neifer abzusprechen oder als eine von ihm ausgehende Ueberarbeitung eines Volksliedchens anzusehen sein.

Auch die wenigen bei Gottfried sich findenden Waisen sind schon erwähnt. Ebenso ist des einzigen unreinen Reimes oben gedacht worden.

Im Uebrigen finden sich bei unserm Dichter alle denkbaren Arten des Reimes, von der einfachen Form des gepaarten Reimes an bis zu den provenzalischen Pausen und Körnern hin.

Der gepaarte Reim
kommt, wie wir sahen, bei Neifen hauptsächlich noch im Abgesang vor (so 31, 27 und 49, 14 abab/cc, dann 3, 1. 7, 15. 14, 8. 19, 32. 51, 20) und auch hier noch spärlich. Auch im Abgesang wird er meist durch den

---

1) Auch W. Grimm hält dieses Lied für ein umgearbeitetes Volkslied. ,Geschichte des Reimes' S. 612 bemerkt er ‚unter den Liedern Neifens befindet sich eines (44, 20), das Inhalt und Ton nach von den übrigen ganz abweicht und in einer Strophe die Reime *kundè* : *bundè* : *gundè* zeigt. Es scheint ein umgearbeitetes Volkslied zu sein, aus welchem diese, der gebildeten Kunst entfremdeten Reime, beibehalten sind. Als klingende gebraucht sie Gottfried anderwärts häufig.'

gehäuften Reim verdrängt.

39, 35. aaabbb/ccc. — Drei-, vier- und fünffache
Häufung findet sich zugleich durchgeführt in dem fünf-
strophischen Liede 17, 17. *anger : langer : twanger : swanger.*
— *singen : entspringen : dringen : ringen.* — *rôt : gebôt : nôt.* —
meigen : leigen : heigen : reigen : zweigen (1. Str.). — Männ-
licher gehäufter Reim steht 4, 31 fflgd. *mê : snê : ê.* —
hât : lât : stât — mîn : pîn : sîn. — *sî : bî : frî.* — *wint : kint :
enbint.* — 8, 23. *swaere : unmaere : waere* (1. Str.). *stunden :
wunden : underwunden* (2. Str.). *wenden : senden : senden*
(3. Str.). *hêre : lêre : kêre* (4. Str.).

Wenn man in dem Liede 15, 5. mit Bartsch innern
Reim annimmt, so erhält man durch die ganze Strophe.
gepaarten Reim.

Der überschlagende Reim
erscheint als gekreuzter Reim (abab) in den Stollen
in folgenden Liedern: 4, 27. 24, 21. 31, 27. 45, 21. 49, 14
u. s. w., als verschränkter Reim (abc abc): 7, 15. 12, 33.
14, 8. 23, 8. 29, 36. 52, 7. Nach der Form abcd abcd:
3, 1. 5, 25, 8, 23. 11, 34. 37, 2 u. s. w. und endlich nach
der Form abcde im Liede 47, 10.

Auch der verschränkte Reim geht leicht in den
gehäuften über: 7, 15. 19, 32. 27, 15. 32, 14. 37, 2. 42, 35.
44, 20. — Viermal gehäuft 36, 4. — Achtmal gehäuft: 24, 35
heide : ougenweide : beide : kleide : leide : scheide : reide : meide.

In den Stollen stehen namentlich gern Zwischen-
reime (aab ccb): 22, 15. 28, 18. 38, 4. — In dem Lied
27, 15 haben wir die Form aab aab.

Im Abgesang öfters umarmender Reim (abba). 5, 25.
27, 15. 29, 36. 38, 4 oder die Erweiterung desselben in
der Form abc cba 42. 35. — Im Lied 32, 13 die Form
abcd dcba.

Mit besonderem Geschick gelang es Gottfried, die
provenzalischen Künsteleien nachzuahmen. Besonders oft,
meist noch mit gehäuftem oder reichem Reime verbunden,
findet sich der

grammatische Reim,

— 54 —

und zwar sowohl in der Nominal- wie in der Verbalflexion (Diez, P. d. T. p. 264. Wackernagel, Altfrz. L. u. L. p. 172. 218).
6, 28 *lachen* : *lachet* : *machen* : *machet*.
9, 25 *kleide* : *bekleit* : *leite* : *leit*. — *verswinden* : *swant* : *enbinden* : *enbant*. — *güete* : *guot* : *blüete* : *bluot*.
23, 19. 24, 35 erscheint er in allen Strophen mit Ausnahme der letzten.
34, 15 *ringen* : *ranc*. 5, 4 *banden minnebant* : *handen hant*.
— 15, 30—34 *singen* : *sanc* : *ringen* : *ranc*. — Ganz durchgeführt ist er in dem zehnzeiligen dreistrophischen Lied 33, 33. — In den echten Liedern Reinmars findet sich der grammatische Reim nur einmal (M. S. F. 164, 12 fflg.). Hartmann, Hohenfels gebrauchen ihn öfter, Wolfram und Walther nie. Bei diesen findet sich auch nicht der von Neifen mit besonderer Vorliebe gepflegte:

Rührende oder reiche Reim.
(Diez a. a. O. p. 264. Wackernagel p. 172.) Nur wenn die Reimwörter bei vollem Gleichklange verschiedene Bedeutung haben, gilt dieser Reim in der durchgebildeten mhd. Poesie für kunstgerecht. So stets bei Gottfried und zwar:
8, 31 *bar* (verb.) : *bar* (adj.). 9 18 *wer* (pron.) : *wer* (verb.). 21, 24 *heil* (adj.) : *heil* (subst.). 23, 18 *swaere* (subst.) : *swaere* (adj.). 23, 24 *man* (subst.) : *man* (verb.). 24, 1 *senden* (adj.) : *senden* (verb.). 24, 2 *sende* (subst.) : *sende* (verb.). 39, 8 *guot* (adj.) : *guot* (subst.). 39, 11 *bluot* (sanguis) : *bluot* (flos.). 39, 26 *solt* (subst.) : *solt* (verb.). 39, 7 *leit* (subst.) : *leit* (verb.).

Gehören beide Wörter einem oder verschiedenen Compositis an, so ist der rührende Reim gleichfalls gestattet: 34, 22—35 *minneclichen, minneclich, gelichen, gelich*. — In Compositis ausserdem noch 8, 23 und 38, 26, *walt* : *gewalt*. 9, 2 *bant* : *gebant*. 9, 10 *lôs* : *fröidelôs*. 14, 27 *langet* : *belanget*. 38, 36 *verher* : *her*.

In dem sechszeiligen Lied 34, 26 ist der rührende Reim durch fünf Zeilen durchgeführt und zugleich mit dem grammatischen Reim verbunden: *erwinden* : *winden* (canibus) : *winden* (ventis) : *winden* (verb.).

Erstreckt sich dagegen derselbe Reim auf mehr als zwei Verse, so ist die Wiederkehr gleicher Reimwörter, auch wenn sie dieselbe Bedeutung haben, gestattet, sobald sie mit ungleichen verbunden sind. Sie sind dann als gehäufte Reime anzusehen.

Dieser Fall bei dreifachem Reim findet sich bei Neifen in den Liedern: 6, 22 *wendet* : *sendet* : *wendet*. 8, 35 *stunden* : *wunden* : *underwunden*. 9, 14. 21, 12. 36, 33. 43, 11. 40, 7. — Bei vierfachem Reim 17, 35 *swinden* : *vinden* : *erwinden* : *underwinden*. 18, 26. 18, 31. 28, 8. 36, 4. 40, 7. 50, 33. —

Der übergehende Reim,

von den Dichtern der Glanzperiode verschmäht, ist von Gottfried von Neifen höchst kunstvoll verwendet in den beiden Liedern 21, 2 und 38, 26. Ebenso findet er sich 42, 35 *Ich solt aber dur die süezen grüezen meigen walt heid ouwe* etc.

Auch der Doppelreim (5, 8 *minneclich gedinge* : *minneclich gelinge*) und der erweiterte Reim finden sich bei Gottfried (39, 27 *minneclichen* : *inneclichen*).

Die auch von Walther und Ulrich von Lichtenstein verwandten

Körner, wahrscheinlich provenzalischen Ursprunges (Wackernagel ,z. Walth. 11, 32. Bartsch ,Reimkunst der Troubadours.' Eberts Jahrbuch I. 178), finden sich bei Neifen in den vier siebenzeiligen Strophen von 34, 26 und zwar reimen hier die letzten Verse der ersten und dritten und der zweiten und vierten Strophe *want* (1): *steinwant* (3). *gnot* (2) : *gnot* (4).

In dem kunstvollen Liede 11, 6 werden gar sämmtliche vier Strophen durch denselben Reimvers gebunden: *meigen* (1, 1) : *eigen* (2, 3) : *leigen* (3, 1) : *erzeigen* (4, 3). Ausserdem ist die erste Strophe mit der dritten Strophe und die zweite mit der vierten, Vers für Vers durch einfachen Reim verknüpft.

Besonders schwierig ist in einigen Liedern die Lösung

der Frage, ob ein Reim als Endreim oder als innerer Reim aufzufassen sei (Lachm. z. Walther 98, 40). — Bartsch in der schon öfters citirten Abhandlung ‚über den innern Reim in der höfischen Lyrik', hat acht Kriterien aufgestellt, die bei der Frage ob in einem Vers innerer oder Endreim anzunehmen sei, entscheidend sein sollen. — Unter dem gemeinsamen Namen ‚innerer' Reim wird hier der Inreim, der Mittelreim, der Schlagreim, der Binnenreim und auch die Pause befasst.

Als ‚übersehen' in der Haupt'schen Ausgabe von Gottfrieds Liedern führt Bartsch an — und unserer Ansicht nach mit Recht — die Lieder 14, 34. 15, 6. 16, 9. 29, 36. 38, 4. 48, 19, wo innerer Reim anzunehmen sei.

Es findet sich nun bei Gottfried:

1. Der Inreim

zunächst in dem Fragment 14, 36:
sterben in vil kurzer vrist
sit du bist   diu süeze reine u. s. w.
Dann 15, 5:
was vervâhet   mich des wunneclichen meigen zît,
der uns nähet   unde manegem herzen fröide gît?
bluomen unde vogele sanc
der beider   trôst ist leider   mînen fröiden alze kranc.
Hier haben wir zugleich noch Binnenreim. — Ferner in den Liedern 16. 9. 21, 11. 40, 25.

2. Der Mittelreim

im Abgesang des Liedes 29, 36:
der nôt klag ich, und dâ bî mîne swaere,
die mir diu herzeliebe tuot.
dâ von sô bin ich ungemuot.
nust si doch guot   diu liebe unwandelbaere.
Weiterhin 38, 4. 47, 15.

3. Der Binnenreim.

Schon von Dietmar von Aist verwandt (M. S. F.

32, 1 flgd.), wenn auch zum Theil unrein reimend. Bei Neifen in den Liedern 15, 15. 48, 9.

4. Der Schlagreim

findet sich bei Neifen nicht. Die unmittelbare Wiederholung desselben Wortes ist nicht hierher zu rechnen (W. Grimm a. a. O. S. 577).

5. Die Pause.

Bei Gottfried besonders künstlich behandelt und mit Vorliebe angewandt. — Gewöhnlich reimt die erste Silbe des ersten Verses mit der letzten des Abgesanges, und zwar die erste Silbe des ersten Stollens (8, 23 u. 9, 24), des zweiten Stollens (43, 26).

In Strophe 14, 8 reimt die zweite Silbe des ersten Stollens, in 19, 32 die zweite des Abgesanges mit der letzten desselben. Die dritte Silbe des ersten Stollens mit der letzten des Abgesanges 42, 1. — Die vierte Silbe 47, 10 und die fünfte in den beiden Liedern 3, 1 u. 38, 8.

In dem Lied 42, 35 steht die erste Silbe des zweiten Verses des ersten Stollens, in 32, 14 die zweite Silbe des zweiten Verses des Abgesanges mit dem Schluss desselben im Reim. In diesem letztern Lied zählt der Abgesang sechs Verse, — die beiden Reime sind demnach hier nur durch drei dazwischenstehende Verse getrennt. Ebenso 46, 17. Noch näher zusammengerückt, nur durch einen Vers getrennt, stehen die Reime 19, 32.

Der Reim macht sich auch noch gut bemerklich, wenn vier Verse zwischen die beiden reimenden Wörter treten wie 43, 26. Weit weniger wirkungsvoll wird er schon bei einer Einschiebung von sechs Zwischenversen, wie 8, 23 und 42, 35 oder von sieben wie 14, 8 und 38, 26.

Ganz aufgehoben muss aber die Reimwirkung werden, wenn wie in dem Liede 42, 1, acht Zeilen, oder wie in 3, 1 und 9, 24, neun Zeilen, oder wenn wie in 47, 10 gar zehn Zeilen zwischen die beiden Reimwörter treten.

Durch diese Reimkünsteleien unterscheidet sich Gottfried wesentlich von Walther und selbst von Ulrich von

Lichtenstein, die beide den ersten Reim stets in der ersten Silbe des ersten Verses haben und den zweiten nicht weit davon getrennt, meist schon am Schlusse derselben Zeile, folgen lassen.

V.
Anmerkungen zu Neifens Liedern.

3, 10 *liebe.* Cf. 8, 16 *daz naeme ich für der vogele sanc und für der bluomen schin.* Derselbe Gedanke Dietm. v. Aist (M. S. F. 32, 17) *lieber hete i'r minne dan al der vogele singen.*

3, 12 *al min fröide lit* cf 42, 20 *dar an al min fröide lit.* — 5, 3 und an *ir einer al min fröide stât.* — 5. 16 *sit ir wont din fröide bi* u. s. w.

3, 14 *swaz ich sorgen ie gewan: der hât si gar gewalt.* Dieser Gedanke kehrt fast in jedem Liede wieder.

3, 18. *vil sender man,* sonst einfach *ich sender:* 6, 15. 11, 12. 14, 1. 21, 26 etc.

3, 21 *helferiche helfe,* cf. 5, 7 *sit si treit so helferiche hant.* 11, 32 *ach dur got, vil saelic wip, noch helfent helfecliche!*

3, 22 *belangen.* 46, 26 *wê jâ muoz mich des belangen.* Hier wie dort c. gen. Dagegen mit *nâch* 10, 17: *daz mich nâch in muoz belangen,* auch 19, 26 *nâch ir muoz mich belangen.* 38, 33 *jâ muoz mich belangen nâch dem triutelehten libe.*

4, 6. *lât mich des geniezen.* 11, 18 *des lât mich geniezen.* 42, 13 *des sult ir geniezen lân mich.*

4, 12 *an fröiden kranc.* 9, 7 *an fröiden sterben.* 6, 23 *an fröiden tôt.* Ebenso 42, 27 *des bin ich an fröiden tôt* (cf. Walther v. Klingen 1, 14).

4, 13 *dehsen, swingen.* Beide Wörter sind mit v. d. Hagen durch Komma zu trennen (cf. 5, 13). *dehsen = linum frangere.* Gr. II, 240. mit *swingen* tautologisch. Cf. 45, 24 *dô hôrte ich eine swingen.* Haupt scheint es substantivisch zu fassen: *diu dehse =* der Rocken. Eine Redensart *dehsen swingen* kommt jedoch sonst nicht vor. Bei Neidhart 32, 2 *flahs swingen.*

4, 19 *des muoz ich trûric sin.* Cf. 51, 22 (*min herze*) *muoz iemer trûric sin.*

4, 20 *in senden sorgen stân.* 35, 32 . . . . . *lât so lange in senden sorgen stân.* — 5, 15 *daz ich niht in sorgen si.* — Gegensatz *bi fröiden sin* oder *in fröiden sin.* 8, 19.

4, 24 *daz klag ich dir, Minne, von der süezen.* Unzählig oft wiederholt (7, 8. 8, 27 etc.).

4, 25 *sende swaere büezen,* so auch 6, 3. 21, 20. 31, 4. 47, 37. — *senden kumber büezen* 10, 4. 33, 2. 43, 5. 49, 35. 50, 26. — *kumber wen-*

den 9, 14. 32, 2. 40, 7. 44, 10. — sorge swachen 6, 37. — sende sorge ringen 8, 15. — sende sorge wenden 36, 27. — mit liebe büezen 10, 4. — sende nôt vertriben 35, 20. — swaere wenden 47, 7. swaere ringen 17, 25. 25, 33. 34, 14. — senden pin wenden 5, 9. 16, 2. — sendiu leit vertriben 6, 5. 10, 14. 43, 17. 35, 19. — trûren swachen 17, 10. 18, 16. 22, 9. 36. 34. 40, 10. 41, 2. — leit verdringen 43, 8. — von swaere scheiden 43, 16.

4, 26 gemeinez spil. Haupt = geliche geteiltez spil. Winterstetten (M. S. H. 1, 136, 19) ob mir diu liebe wil teilen ir minne spil (z. Iw. 4630). Walther 51, 9: Minne entouc niht eine, si sol sîn gemeine oder 69, 9: Minne ist zweier herzen wunne, teilen si geliche sô ist diu minne dâ.

4, 33 kumber dulden 7, 13. kumber liden 32, 8.

4, 35 durch ein reine wîp. Ueber diese schwach flectirte Form nach dem unbestimmten Artikel. Gr. IV, 370.

5, 1 betwungen M. S. F. p. 233. — 8, 20 sam si hât betwungen mine sinne. — 15, 15 mîn gemüete hât betwungen ir vil minneclîcher munt. 50, 29 die hânt daz sende herze mîn betwungen.

5, 4 Auch bei den Troubadours findet sich häufig die Anschauung, dass die Minne ihr Opfer binde (Diez, P. d. Tr. p. 268) cf. Bartsch, L. D. 99, 19 die hôhen, die hêren, die hât si gebunden. Bei Neifen sind noch heranzuziehen die Stellen 5, 24. 9, 2. 24, 6. 34, 16. 16, 29. 26, 7 u. 6.

5, 14 dur ir güete. 11, 33. 28, 17. 40, 34 dur got. — 37, 27 dur den iuwern willen. Die Form dur ist den meisten, wenn nicht allen deutschen Dialecten gemeinsam (Müllenh. u. Scherer Denkm. p. 404.). Dagegen 5, 10 durch iuwer zuht. 8, 3 durch dîne güete.

dur ir güete sol sie mich erlân daz ich niht in sorgen sî (cf. Hartmann, M. S. F. 211, 14 daz ich der sorgen bin erlân (z. Iw. 3131).

5, 21 scheide diesen süezen strît. M. S. F. 47, 16 got eine müeze scheiden noch den strît (Bartsch, L. D. 52, 491. 86, 677 u. ö).

5, 22 Minne mîn dich underwint (cf. Gr. IV, 668) = ‚sich eines Dinges annehmen', synonym mit ‚bedenken' c. acc. cf. 8, 22. 8, 37. 23, 31. 26, 12. 28, 11. 50, 33.

5, 24 der sinne ein kint d. h. ich weiss meine Sinne so wenig zu gebrauchen, wie ein Kind. Mein Geist hat seine freie Selbstthätigkeit verloren, wan im ir minne verkêrte die sinne (Iw. 58). Bartsch, L. D. 216, 21 daz ich der jâre bin ein kint.

5, 33 fröiden mêren cf. 14, 19. 18, 3. 22, 7. 29, 6. 31, 21. 33, 16. 40, 17. 46, 28. —

5, 37 in trûren stân 13, 38. 27, 21. — trûric gân 28, 4. 26, 38.

6, 1 Das lieplich blicken ist bei der Schilderung des Liebesglückes typisch, cf. Nib. 292, 3. mit lieben ougen blicken einander sâhen an der herre und ouch die frouwe (cf. W. Grimm, z. Grave Rudolf p. 46).

6, 10 ein rôter munt. Der unbestimmte Artikel vor dem Vocativ selten. Gr. IV, 561. 958.

6, 13 dast ein lieplich funt. 31, 34 einmüetic dast ein lieplich funt. 42, 32 sit ich vant sô süezen funt.

6, 20 *in den fröiden fröiden âne*, cf. 7, 26 *in fröiden froelich sin.* 10, 11 *froelich frô beliben.*

6, 27 *gesach* = *sach*. Compositum und Simplex fallen hier zusammen. Dagegen hat in *gelingen* (7, 21) *ge* die Bedeutung des Wohlergehens = *bene succedere* Gr. II, 835, cf. auch 7, 16 *geklagen.*

6, 28 *lacheliche: lachen* cf. 8, 3. 31, 7.

6, 31 *baz dan ich erdenken kunde.* Diese Wendung kehrt wieder 35, 85. 46, 19. 47, 28. 16, 15: *merdan ich erdenken kunne.*

6, 32 *kan si liebe liebe machen.* 14, 22 *unde in liep in liebe liebe lêret.*

6, 35 Das Lachen der Geliebten hat ihn in's Leid gestürzt. Cf. Bartsch, L. D. 125, 70. Liutholt von Saveno: *,rôter munt, wie du dich swacheat! lâ din lachen sin. Scham dich daz du mich anlachest nâch dem schaden min.'*

7, 2 *von schulden* ohne genit. oder possess. pron. = jure, merito. Gr. III, 266, auch 28, 24. — Dagegen 7, 12 *von miner schulde.* 21, 29 *iewnt wart ich von dinen schulden.* 28, 15 *ân alle mine schulde.* 37, 24 *daz ist von iuwern schulden.* 39, 7 *sit ich von dinen schulden sorge ie leit.* 7, 5 *miner swaere werde buoz.* 10, 5 *anders dir wirt niemer buoz sorgen* 80, 21 *sô ist mir swaere buoz* (synonym mit 21, 11 *manegersorgen fri*).

7, 6 *beidiu abent und den morgen* wörtlich wiederkehrend 42, 15.

7, 20 *winder* ausser dem Reim selten (Gr. I, 395).

7, 22 *alsô möhte.* Dagegen 9, 32 *alsô. mehte* Dagegen 8, 12 *alse. jungen* cf. 27, 29 *sô mäeste ich wider jungen.*

7, 23 *nâch dem min herze ie ranc.* 15, 33 *nâch der ie min herze ranc.* 25, 25 *dar nâch min herze ie ranc.* 46, 9 *nâch der ich ie ranc.* — Cf. auch Hartmann (M. S. F. 209, 7) *nâch der ie min herze ranc.*

7, 30 *lieplich lachen* cf. 17, 13. 18, 19. 31, 26. *lieplich grüezen* 10, 1. — *lieplich küssen* 10, 24. 12, 20 etc. *wolde*, dagegen 8, 19 *wolte.*

7, 32 *Minne, tuo mir swie du wellest; der gewalt ist din.* Fast wörtlich übereinstimmend mit Botenlauben (Bartsch, L. D. 120, 15) *tuo mir swie du wellest frouwe der gewalt ist din.*

8, 10 *úf erde*, dagegen 14, 20 *úf erden.*

8, 18 *fröide bringen*, so auch 10, 36. 33, 19 *mich hât lieber wân in die fröide brâht.*

8, 19 *sô waer min trûren kranc.* 16, 22 *dâ wirt sendez trûren kranc.* 25, 32 *sô wirt min trûren kranc.* — [Cf. auch Ulrich von Winterstetten, M. S. H. 1, 135. 17 *sô ist min trûren kranc.*] 12, 22 *dâ wirt diu sende sorge bi dem ungemäete kranc.* 15, 12 *der trôst . . . ist minen fröiden alze kranc.* — 52, 10 *des ist mir min frö'de kranc.* Aehnlich 28, 34 *dem ist al sin trûren tôt* (cf. auch 7, 28 *sorge was ellende in mim herzen*). — 19, 37 *der walt und ouch diu linde diu sint nu beide ir grüenen loubes aber worden kranc.*

8, 28 *unmaere* ,gleichgiltig', non dilectus Gr. II, 780. Heinr. v. Morungen Bartsch, L. D. 38, 336 *ich bin wordin dem unmaere der mir dicke sinin dienist bôt.* 42, 92. 205, 8 etc.

8, 31 *bar. bar min herze in bernder wunne* ,strobte mein Herz in *bernder wunne.*' So nach dem Mhd. Wörterbuch 1, 137, der Lesart von C folgend. — Haupt besser *bar min herze ie bernde wunne* cf. 21, 13. 23, 13. 27, 4).

8, 33 Derselbe Gedanke bei Morungen (M. S. H. 1, 121. 2).

8, 35 Aehnlich Reinmar (Bartsch, L. D. 44, 176) *dar nâch wart mir vil schiere leit. — in kurzen stunden* cf. 16, 25 *in der stunde wirt diu liebe sorgen frî.* 27, 35 *ich hân mîne stunde vil gesungen.*

9, 5 *Minne, ich hânz dâ für ez si niht guot getân* cf. 16, 31 (*Minne*) *hât übele an mir getân.*

9, 6 *Minne hilf enzît*, ebenso 16, 7. — *Minne füege enzît* 4, 26.

9, 8 *sol ich niht den rôten kus erwerben.* Ebenso 39, 4 (*beschiht daz niht) sô muoz ich sterben sol ich niht den rôten kus erwerben. rôter kus* auch 43, 23. — Vergl. 10, 2 *rôter gruoz.*

9, 18 *wer kan mich nû frô gemachen?* 36, 32 *kan mich iemen frô gemachen?* — Die Verse 9, 18—21 kehren nach Reim und Sinn wieder 44, 14—17.

9, 19 *niemen danne* 18, 36 *niemen wan.*

9, 24 *wil ich ûzer leide in liebe kêre*, vergl. 20, 9 *sô wold ich ûz herzeleide in herzeliebe gân*, vergl. auch 51, 11 *ze liebe und ze leide singen.* Noch heute ‚keinem zu Lieb und keinem 'zu Leide.' Liebe ist stets mit Leid verbunden. Bartsch, L. D. 224, 44 *leit ist liebes nâchgebûr.* 243, 20 *leit ist liebe zu geborn.* 62, 135 *an ir lît beide mîn liep und mîn leit.* 65, 22 *liebe muoz dicke mit leide zergân.* 151, 49 *nâch liebe kumet dicke leit.* Vergl. Nib. 17, 2 u. 2315, 3 *als ie diu liebe leide z' aller jungeste gît.*

9, 27 *mit manegem spaehen kleide.* 25, 4 *mit manegem hübschem kleide.* 33, 34 *mit vil wunneclichen kleiden.* 43, 28 *mit maneger wunneclichen spaehen wât.* 50, 8 *in spaeher wât.*

10, 8 *sam der rôse in touwen blüete.* Vergl. 17, 12 *dîn vil rôsevarwer munt, sô der lieplich wolde lachen sam der rôse in touwen blüete.* Die *rôse im touwe* auch Bartsch, L. D. 196, 32. 207, 11 etc.

10, 11 *wer kan froelîch frô belîben wan bî reinen lieben wîben.* Vergl. 18, 35 *wer kan frô belîben? niemen wan bî wîben!*

10, 13 *hî, wie süeze ein name wîp!* 29, 5 *wîp, du bist ein süezer nam!*

10, 22 *wê der gar verlornen stunde!* Bartsch, L. D. 125, 75 *owê sô verlorner stunde!*

10, 30 *Minne, daz du sist verteilet.* 23, 9 *wê dir, daz du sist verteilet.*

10, 37 *wer kan sorge ûz herzen dringen?* 25, 34 (*si kan*) *die sorge ûz herzen dringen.* 36, 18 *mir mac sorge ûz herzen dringen, rôter munt dîn minneclicher gruoz.* 20, 26 *daz si mich wolte dringen hin.* In diesen Beispielen ist das verb. *dringen* transitiv (auch *verdringen.* 43, 8 *rôter munt du maht mîn leit verdringen*). Intransitiv dagegen: man *siht bluomen manicvalt durch daz grüene gras ûf dringen.* 21, 4 *dringen siht man bluomen durch daz gras.* 38, 9 *daz sie durch daz gras ûf muosten dringen* etc.

11, 3 *si went sich der Minne entstricken.* 29, 2 *(Minne) stricket beidiu herze in ein.* Vergl. Bartsch, L. D. 137, 40. 225, 109.

11, 18 *seht, sô wirde ich fröideriche!* Dieser Vers kehrt genau wieder in folgenden drei Stellen: 21, 10. 43, 6. 50, 4. Dagegen 40, 20 *sich, sô wirde ich noch an fröiden riche.* Vergl. auch 39, 28 *richen maht du mich an fröiden.* M. S. F. 86, 15 *an vröiden wirde ich niemer riche.*

11, 30 *nu waz treit dich für, ob ich nâch der vil herzelieben lieben stirbe!* 50, 37 *waz treit iuch für, frou Minne, ob ich verdirbe!* 51, 3 *waz treit iuch für, frou Minne, ob ich erstirbe?*

12, 4 *âne danc* ‚ohne Dank.' Dagegen 51, 35 *sunder dinen danc* ‚gegen deinen Willen.' M. S. F. 216, 7 *sol ich des embern, dêst âne mînen danc.*

12, 8 *si muoz diu êrste und ouch mîn leste unz an mîn ende sin.* v. Johannsdorf (M. S. F. 86, 1): *mîn êrste liebe der ich ie began, diu selbe muoz an mir diu leste sin.*

12, 9 *ir ougen blic der vie mich sô.* Winterstetten (Bartsch, L. D. 161, 127) *mich hât ob zwein liehten wangen sêre ir ougen blic gevangen.*

12, 18 *sold ich diu mit gewalte an sehen, so swüere ich wol daz mir erwüchse niemer grâwez hâr.* Derselbe Gedanke auch bei den provenzalischen Dichtern (Diez, P. d. T. p. 236). Aehnlich Bartsch, L. D. 123, 3 *sold ich si küssen zeinem mâle, sô muost ich niht alden.*

12, 19 Vergl. 14, 26.

12, 32 *ûf genâde.* 27, 33 *ûf die genâde dine diene ich dir.* Nhd. ‚auf Gnade und Ungnade.' *ûf* bezeichnet die Erwartung.

13, 11 *Minne, sich, daz ist din haz.* 39, 10 *daz ist der Minne haz.* 21, 1 *Minne treit den alten haz.* 26, 35 *die Minne und ir haz.*

13, 20 Wie bei den Alten, so wird auch bei den Troubadours und den deutschen Lyrikern die Liebe meist allegorisch als weibliche Person gedacht. Sie führt als Waffen Lanze und Pfeile, mit denen sie ihre Opfer trifft. Beispiele bei Neifen 10. 27. 13, 20. 17, 11. Vergl. Bartsch, L. D. 103, 143 *(Minne) hât mit ir strâle mich verwundet in den tôt.* 2 f0, 25 *schiuz din strâle.* Bei Winterstetten (B. 65, 302) schiesst einmal der Minneschütze Cupido. — In einem namenlosen Liedchen (Carm. bur. 124, a) *Venus wil mich schiezen.* Die Minne heilt aber auch die Wunden. So Neif. 39, 1, und 23, 28 *Minne, heile mîne wunden.* Derselbe Vers Bartsch 161, 123.

13, 25 *wê wer waere an fröiden danne min genôz!* Vergl. M. S. H. 2, 125, 2 *wê wer künde mir an fröiden sîn genôz!*

13, 26 Vergl. 16, 18 *niemen, niemen kan erdenken.*

13, 28 *si gênt hohen muot.* 19, 3 *si gênt hôchgemüete.* 29, 9 *wip du gist ouch hôhen muot.*

13, 31 *wan si sint für trûren guot.* 29, 9 *wip du bist für trûren guot.*

14, 1 *sô ist mir senden niht gelungen.* 25, 30 *alt daz mir nie gelanc.* 42, 31 *an ir ist mir niht gelungen.* Vergl. 36, 20 und 43, 3.

14, 2 *küniginne*, auch 18, 8 und 20, 35. Dagegen 41, 18 (52, 29) *küneyin.* Gottfried hat also beide Formen, wie auch Hartmann. Beispiele bei Sommer z. Flore 783.

14, 10 *beschocnet* : *bedoenet.* Derselbe Reim in demselben Sinne 40, 16. 50, 8. 47, 11 steht *geschoenet* : *doenet.*

14, 14 *fröide entwichen.* Vergl. 31, 10 *ungemüete entwichen.* 40, 19 *leit entwichen.*

14, 16 *konde werden miner swaere rât.* Vergl. 32, 8 *swaz ich swaere liden muoz, des mac wol werden rât.* 14, 20 Vergl. M. S. II. 1, 342, 3[2] *din küssen waer ein himelrîch.*

14, 28 Hier ist *drücken* für *smücken* einzusetzen. Cf. 20, 2.

14, 29 *ich seite wol wie nähen.* 22, 26 *ich weiz wol wie nähen.* Vergl. 41, 25. 12, 14.

15, 6 *mich verrâhet*, ,mir kommt zu Statten'; auch im Nhd. noch ,es verflugt nichts.'

15, 14 Die erste Strophe dieses Liedes ist folgendermassen zu fassen:
*waz verrâhet   mich des wunneclichen meigen zît,
der uns nâhet   unde manegem herzen fröide gît?
bluomen unde vogele sanc
der beider   tröst ist beider   minen fröiden alze kranc.*

Es muss in diesem Liede innerer Reim angenommen werden, da sonst an entsprechender Stelle Wechsel zwischen männlichem und weiblichem Reim eintreten würde (Str. 5). — 16, 6 *scheit den strît* (⌣ ⌣ ⌣) müsste 15, 11 *der beider* (⌣ ⌣ ⌣) entsprechen. Dies wäre fehlerhaft (cf. Haupt, Anm. und v. d. Hagen 4, 82, Anm. 6.).

15, 19 Dieser Gedanke bei Lichtenstein (Bartsch 144, 331) *got hât sînen fliz an dich geleit.* Vergl. auch Bartsch 164, 3. — Bei den Provenzalen Diez, P. d. Tr. p. 261.

15, 37 *ir sint mir liep für elliu wip.* 34, 8 *diust mir liep für elliu wip.* M. S. F. 42, 8 *für elliu wip.* Bartsch, L. D. 182, 139 *die mir lieber ist dan elliu wip.* — Parz. 87, 16 *wan sist im holt für elliu wip.* Vergl. auch 3, 17 *liep vor allen wiben.* 42, 12.

16, 34 *wol befanden habe ich.* 18, 28 *daz habe ich wol befunden.*

17, 1 *des ich selten hân genozzen.* 47, 9 *gedenke daz ich wibes güete selten hân genozzen.* 19, 5 *doch mir einiu tuot selten liep.*

17, 20 *diu heide ist worden swanger.* Conrad v. Landegge, M. S. II. 1, 350. 1. *heide und anger diu hiure wurden swanger.* Carm. bur. 53, 3: *voris ab instantia tellus jam fit gravida.*

17, 31 *âhî sult ich mich zweigen mit ir!* Neidhart (Bartsch 104, 166) *ir mägde ir sult iuch zweigen!*

17, 37 *lât den kriec erwinden.* 41, 19 *lât erwinden . . . den senelîchen strît.*

18, 15 *mir mac wol heizen leitvertrip.* Vergl. Winterstetten (M. S. II. 1, 143, 8) *diu mac wol heizen leitvertrîp.* Conrad v. Landegge (M. S. II. 1, 361, 5): *wibes güete heizet leitvertrip.*

18. 18 *mit vil lieben sachen*, vergl. 22, 22 *mit vil lieben dingen.* 25, 31 *an lieben dingen.*

19 *die ich mit triuwen meine.* Wörtlich kehrt dieser Ausdruck wieder beim Grafen von Kirchberg (Bartsch 261, 42), bei Conrad v. Alt-

stetten (Bartsch 276, 23). Otto mit dem Pfeil (Bartsch 252) *si ist die ich mit ganzen triuwen meine.* — Bei Neifen noch besonders zu vergleichen der Refrain im Lied 49, 18 . . . *diu ich mit ganzen triuwen iemer meine.* — 35, 21 *diech vor allen wiben meine.* Ebenso 42, 11 *die ich vor allen wiben meine.* — 11, 24 *Minne, du weist wol es ist diu liebe, die ich dâ meine.* 13, 7 *nâch der lieben diech dâ meine,* auch 29, 25.
19, 24 u. 25.
ir munt, ir keln und ouch ir liehten wangen!
diu hânt mich gevangen.

Ganz ähnlich singt Herzog Johann von Brabant (Bartsch 255):
vriendelijk beranghen
heeft mi een rider mont
end twee lihte wanghen
daer bi een kele ront.

Vergl. auch 50, 27 und 12, 9.

19, 33 *mit liehter ougenweide* (cf. 25, 1). Oft bei Neidhart (Bartsch 100, 26) *ich frôwe mich gegen der heide der liehten ougenweide.*

20, 12 *sus segen ich mich des morgens mit ir sô ich wil ûf stân.* Wohl in dem Sinne zu fassen wie M. S. F. 88, 13: *ine erwache niemer e:'n si min êrste segen daz got ir êren müeze pflegen*, oder wie in dem Tagelied Winterstettens, M. S. II. 1 157, 20, wo der Wächter der Frau zuruft, sie solle den Ritter wecken: *er ist ze lange hie gelegen, darón sô gebe er dir den morgen segen.* Scherer, D. S. II, 57: ,es war üblich, mit dem Wächterlied einen Morgensegen in Verbindung zu bringen, nach Art der kirchlichen Hymnen.'

20, 21 *kumbere dol* vergl. 29, 2. — ,doln' leiden, ist nicht mit *dolere* verwandt, sondern mit *tuli* τλην.

20, 24 *sorgen bar.* Vergl. 3, 27. 9, 1. 11, 34. 22, 10. 13, 10. 39, 16.

20, 32 *und in der sorge ersterben.* Vergl. 49, 16 *unde ein wîp die wil mich frôide ersterben.*

20, 38 *es waer wol in den ziten daz sie mir solte lônen.* Vergl. 32, 30 *hilf, ist an der zit.* 39, 28 *richen maht du mich an frôiden des ist zit.* 41, 23 *frôide vinden wolte ich frouwe, daz waer an der zit.*

21, 17 *troestet.* Dagegen Vers 27 *troestent.* Wir haben 5, 9 *wendent* u. ö. die alemannische Form des zweiten plnr. Bartsch will diese Form bei Neifen gestrichen wissen (L. D. p. 338).

21, 23 *ob ir rôter munt mir gunde daz sin kus die nôt enbunde* 26, 4 *ob din trôst mir gunde daz mir ein kus die bunde.* 28, 9 *ob ir trôst mir gunde daz ein kus die nôt enbunde.* 40, 43 *unde ir kus mir herzen nôt enbunde.*

21, 26 *iemer mêre,* dagegen 27, 30 *iemére.*

21, 27 *Minne in dîner glüete ich brinne.* Vergl. 7, 4. 18, 11. 27, 8. 40, 3.

22, 14 *du weist wol mine bete.* Bartsch schreibt, um das in der reimlosen Schlusszeile enthaltene Vokalspiel î ê â ô vollständig zu machen: *mîne bete wol weist dû.*

23, 18 *weé der nähe gender swaere . . . si sint mir ein teil ze swaere* (21).
Vergl. 26, 30 *owé der swaere . . . sint mir ze swaere* (37). 39, 31 *leit daz mir nähe lit.* Walther v. Klingen *ouch klage ich die mine swaere diu mir nähe lit.*
23, 20 *der min herze unsanfte enbirt.* In dem Liede König Heinrichs M. S. F. 5, 20 *der ich sô gar unsenfteclichen enbir.*
24, 24 *deich vor liebe niht ensprach.* 29, 34 *daz ich vor liebe niht ensprach.* Genau stimmt hiemit ein Vers von Reinmar (Bartsch 44, 47) *daz ich vor liebe niht ensprach.*
27, 31 Die Minne soll ihm rathen (vergl. Bartsch, L. D. 132, 24), sie soll für ihn bitten 18, 6. 44, 18. 48, 7, ihn trösten 18, 9. 27, 5. 27, 12.
28, 25 *sô klag ich ein ander nôt.* Diese Zeile kehrt genau wieder 42, 24. 46, 25.
29, 15 *mine sinne jâmert nâch der lieben minne.* Vergl. Herzog Ernst (Haupts Zs. 7, 259): *ouch jâmert mine sinne starke nâch ir minne.*
29. Verse 25—35 sind nur in der Berner Hdschr. überliefert.
30, 6. Die drei letzten Zeilen des Abgesanges entsprechen dem Stollen. Genau derselbe Fall wie 38, 4. Es sind daher die beiden (nach Haupt's Ausg.) letzten Zeilen des Abgesanges in Eine zusammenzuziehen.
30, 14 *doch machet si diu minne blint.* Auch dies eine im Minnegesang geläufige Wendung. Bartsch 226, 118 (*Minne*) *blint unde blôz was ie diu spil.* Vergl. auch Walther (Lachm.) 69, 28 *den diu minne blendet, wie mac der gesehen* etc.
30, 16 *si fröwent sich besamen und niht besunder.* Bartsch 133, 26 *. . . swaz in mac geschehen, fröide und trûren wont in beidez bi.*
31, 28 *manger hande bluot.* Cf. 34, 2.
32, 15 *mir tuo helfe schin.* 38, 3 *sô tuon ich iu helfe schin.* Walther v. Klingen 1, 5 *ir tuont mir helfe schin* (Gr. IV, 625).
35, 35 *haz dan ich erdenken kunne.* Dieselbe Zeile kehrt wieder 6, 31. 46, 19. 47, 28.
36, 9 *daz got noch ir éren hilete.* — *éren* ist genit. (Gr. IV, 658). Luther ,sie hüteten des Nachts ihrer Herde' (Luc. 2, 8).
36, 37 *daz min herze muos erkrachen.* 47, 32 *daz min herze an fröiden krachet.* Vergl. Walther v. Klingen 1, 11. Ulrich v. Winterstetten (M. S. H. 1, 134, 7).
37, 14. Wir lesen mit Bartsch *ie* statt *aller.*
40, 1 *hât beroubet gar der fröiden sinne.* Bartsch 103, 141 *wie mangen du beroubest siner sinne.*
44, 33 *kund er sich wol bejagen* = *sich betragen, sich begân* ,für sich sorgen.' Daher sich ,erhalten, sich ernähren' (Sommer, Flore anm. 3906. 3146). Den Ausgang des nicht vollständig erhaltenen Liedes zeigt ein jüngeres Volkslied bei Uhland 1, 236 (Bartsch, L. D. 339).
47, 35 *die mir in min herze tougen mit ir liehten ougen brach.* Winterstetten (Bartsch, 161, 132) *ir blic mir durz herze brach.* Walther v. Klingen (Bartsch 214, 8) *ir liehten ougen lieplich sahen in daz herze min.* Vergl. 21, 35. 50, 30.

48, 2 *doch fröit mich ein lieber wân.* Hartmann (M. S. F. 208, 23) *doch troestet mich ein lieber wân.*

48, 21. Die vier letzten Zeilen dieses Liedes sind in Einen Vers zusammenzufassen. Mit Bartsch ist innerer Reim anzunehmen, da an entsprechender Stelle der Strophe weiblicher Reim steht (vergl. V. 19 mit 33 flgd). Vers 36 ist daher auch mit Bartsch gegen v. d. Hagen und Haupt, die das in C nicht gebotene *lieben* einsetzen, zu schreiben: *al den sumer lanc.*

49, 10—13 *ir rôter munt hât mich verwunt biz an den grunt.* Aehnlich Bartsch 192, 126 *diu mir daz herze hât verwunt vaste unz ûf der minne grunt.*